AF617679

EL LIBRO NEGRO DE GAZA
TESTIMONIOS DE UN GENOCIDIO

EL LIBRO NEGRO DE GAZA
TESTIMONIOS DE UN GENOCIDIO

Edición de Gonzalo Delgado
Prólogo de Nasser Rabah
Epílogo de Amira Hass

Traducción del inglés
Jose Elías Rodríguez

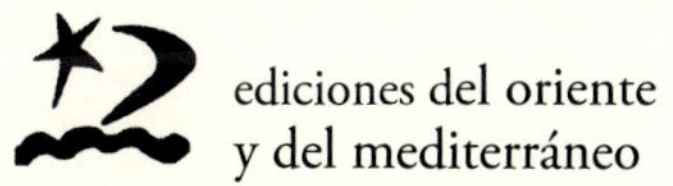

SBN: 979-13-990404-6-3
Depósito Legal: M-2615-2026

Por Hind Rajab,
por Refat Alareer,
por Reem y su abuelo Khaled Nabhan.

Por todas las víctimas de Gaza.

Meneó la cabeza con fatiga, y volvió a oír la voz del jefe:

—¿Estás cansado?

Lo negó y susurró con su profunda y herida voz: ¿has preparado la misión de mañana?

La voz de su jefe llegó a lo lejos:

—Pero tú no puedes continuar mañana, debes descansar.

Y sin pensar respondió:

—Podré.

—¿Hasta cuándo crees que puedes continuar con aquella imagen?

Con la cabeza apoyada en la bolsa de explosivos, contestó:

—Hasta que volvamos[1].

1. Kanafani, Gassan. *Un mundo que no es nuestro.* Madrid: Huerga y Fierro Editores, 1995.

SUMARIO

INTRODUCCIÓN

Palestina es una realidad en sí misma. Con su tragedia, los palestinos han distorsionado el espacio y el tiempo para permanecer en todas sus formas pasadas, para sobrevivir en un mundo en el que la voz de Gassan Kanafani, la que contorneaba la dignidad del exilio, convive con la profundidad espiritual de Mahmud Darwish o la humanidad de Emile Habibi.

Palestina es la síntesis de todos sus destinos, de quienes salieron de la patria en 1948, de quienes permanecieron sometidos a la Ocupación, de quienes ya nacieron en los campos de refugiados del exilio y de quienes crecieron bajo el *apartheid* que se recrudeció con Oslo y que ha llevado inexorablemente hasta el genocidio en Gaza.

Palestina es su propia dimensión. Es cualquier lugar en el que haya palestinos, porque es ahí donde están todos los que son y han sido Palestina. Precisamente por eso Kanafani, Darwish o Habibi, como voces representativas de un universo literario de riqueza infinita, siguen vivos en las palabras de jóvenes gazatíes como Ghaydaa Al-Abadsa o Ibrahim Yaghi, que, con sus relatos sobre la presente tragedia, cincelan la historia de un pueblo que siempre se entiende en su totalidad.

> Nació una generación que lucha por hallar un cuerpo para el alma, una generación prendida al aroma de un país que nunca conoció. Leyó lo que leyó. Vio lo que vio. Pero no creyó que la derrota fuese irremediable[1].

La nueva generación de autores palestinos integra en su relato la traición jordana de Septiembre Negro, la salida de Beirut en 1982, el regreso a la tierra en los noventa para ser encerrados en bantustanes o la sangría de las intifadas. Sus letras se sostienen sobre la epopeya de todo un pueblo, porque hay una realidad que Israel, empeñado en borrar hasta el último vestigio de identidad palestina, jamás podrá comprender: puede matar mil veces a Kanafani, que nunca se callará porque la muerte en Palestina es el camino hacia la vida.

> En el lugar sobre el que cayó su frente, en el hueco redondo que produjo la caída, nació un niño pequeño[2].

Gaza está destinada desde el mismo origen de su tragedia a impregnar con su sangre la arena de la que emanará la generación siguiente. Sabe que ha integrado en su esencia el sufrimiento acumulado hasta perder la capacidad de absorber más dolor. Y eso es precisamente lo que sucedió el 7 de octubre de 2023, cuando los ríos de sangre forzaron su cauce

---

1. Darwish, Mahmud. *Memoria para el olvido.* Guadarrama: ediciones del oriente y del mediterráneo, 1994.

2. Kanafani, Gassan. *Tres hojas de Palestina y otros relatos.* Madrid: Editorial Orígenes, 1989.

para desembocar en su origen, para desbordar con su tragedia la tranquilidad de una Ocupación que se sentía impune en su violencia.

Ese día reventaron los diques de Gaza. Incapaces de aguantar por más tiempo la violencia que ejerce la Ocupación, arrojaron sobre Israel una riada que se llevó por delante la vida de más de mil personas. Un ejército rudimentario de milicianos protagonizó un asalto sin precedentes que logró descoser las vulnerabilidades de uno de los servicios de inteligencia más avanzados del mundo. Montados sobre motocicletas, parapentes y lanchas neumáticas, los palestinos arrinconaron a las Fuerzas de Defensa de Israel, que presumen de llegar a cualquier punto de Oriente Próximo, en las calles del único rincón contra el que todavía no habían dirigido sus cañones: Israel.

> Creo que ellos nos están venciendo / ¿Quiénes? / Los árabes / ¿Pero qué estás diciendo? / Han tomado Tel Aviv[3].

Los israelíes sintieron que el suelo se abría bajo sus pies. Los palestinos, a los que percibían como una nada ninguneada, lograron colarse por los resquicios de su debilidad y poner de manifiesto su vulnerabilidad, esa misma vulnerabilidad que crispa hasta la locura.

Israel se malacostumbró a su superioridad. No supo ver en Gaza nada más que a un pueblo despojado de su todo, reducido a la sumisión opresiva de

3. Grossman, David. *La vida entera.* Barcelona: Debolsillo, 2011.

la destrucción. La arrogancia es ciega, e Israel pagó en carne el precio de esa ceguera. Gaza es una realidad que trasciende a la violencia, es la reencarnación constante de su historia, llamada a sobrevivirse a sí misma ante la persistente obsesión israelí por extirparle el alma.

La brutalidad de la Ocupación nace de la necesidad de Israel de resarcirse de los fantasmas que le persiguen desde su creación. Necesita silenciar esas voces que le recuerdan que sus muros los levantaron otros, que sus cementerios penetran en una tierra impregnada por los huesos de otros, en una tierra que les recuerda constantemente que la realidad siempre se impondrá a su mito.

> Cuando estalló de repente, con un estruendo ensordecedor y levantando una gran columna de humo, una casa de piedra cuyo plácido tejado habíamos estado viendo desde allí, tan plano y perfecto, que ahora saltaba por los aires desintegrado en un montón de cascotes que caían pedazo a pedazo en medio de una gran polvareda y un granizo de piedras[4].

La operación del 7 de octubre no podía tener otro nombre que el de Inundación de Al Aqsa. Un torrente enfervorecido salió de la hasta entonces mayor prisión a cielo abierto del mundo, ahora devenido campo de muerte, en un arrebato de rabia que nadie supo anticipar. Israel se encon-

4. Yizhar, Sámej. *Hirbet Hiza: un pueblo árabe.* Barcelona: Editorial Minúscula, 2009.

tró ante un espejo que alimentó sus traumas más arraigados.

Acostumbrados a refugiarse en su agresividad, los israelíes abrazaron una violencia que ya vaticinaba que su respuesta no tendría precedentes:

> Yoav Gallant, ministro de Defensa, «Nos enfrentamos a animales humanos».
>
> Benjamín Netanyahu, primer ministro, «Tenéis que recordar lo que Amalek os ha hecho, dice la sagrada Biblia. Y lo recordaremos».
>
> Nissim Vaturi, vicepresidente del Parlamento, «Hay que borrar Gaza de la faz de la tierra. No hay inocentes allí».

Israel desenvainó sus Espadas de Hierro y abrió una caja de Pandora que todavía truena en el preciso instante de escribir estas líneas. El cielo ardió con la intensidad de un orgullo herido y lanzó sobre Gaza una tormenta de fuego que todavía no se ha apagado. La muerte se abalanzó sobre la Franja y se coló por cada rincón, por cada callejuela, por cada casa. No distinguía entre víctimas. No por nada evocaba Refaat Alareer en sus poemas que la muerte es el destino de Gaza. *Si tengo que morir, déjame que sea un cuento.* Porque en Gaza se muere por el mero hecho de ser.

Todo era objeto de la furia israelí, una furia indiscriminada que en el primer barrido superó todo registro conocido hasta entonces. Las bombas israelíes forzaron la esencia del tiempo hasta alterar su naturaleza. Su paso ahora se mide en muertos. Más de 70 000. La muerte aulló para atraer a las sombras.

El hambre, la enfermedad y el frío acudieron a la llamada. No se querían perder el tétrico festín al que invitaba Israel.

> Oí el ruido de tres tiros pausados. Luego pude ver el rostro de Abu Utman agitado por tamaña desgracia.
> Miré a Fátima, cuya cabeza estaba caída hacia delante mientras las gotas de sangre se sucedían unas a otras por el cabello para caer al suelo pardo y caliente.
> Un rato después pasó Abu Utman por mi lado llevando entre sus decrépitos brazos el cadáver de Fátima, la pequeña, la morena[5].

Europa, atrapada en su culpa histórica, no supo ver que los puñales contra Gaza se hendían en su carne. Bloqueada, buscó refugio en los fantasmas de su pasado. Ratificó la condena con la que castiga a Palestina por la gravedad de los crímenes que la misma Europa cometió en los márgenes del Vístula. Sigue abierta la cuenta de su pasado, esa que intentó saldar al entregar una tierra que no era suya. Y la entregó vacía, aunque estuviera poblada.

La complicidad actual no se puede entender de otra forma que como el consentimiento implícito de la limpieza étnica como parte de su propia terapia. El Viejo Mundo, percibido a sí mismo como faro de la civilización, se abrazó al credo del derecho a defenderse, ese en el que se acusa por confesiones.

---

5. Kanafani, Gassan. *Tres hojas de Palestina y otros relatos, op. cit.*

¿Que Israel impone un régimen judío entre el río y el mar y con ello borra cualquier vestigio de cultura e identidad palestina? La culpa es de las víctimas por negarse a desaparecer. ¿Que Israel se niega a reconocer el derecho a existir de Palestina y prohíbe por ley que tal existencia se materialice al oeste del Jordán? La culpa sigue en Gaza por reivindicar su derecho a vivir en su tierra. ¿Que Israel hacina a los palestinos en espacios en los que apenas cabe la vida? La culpa es de quien se rebela y se niega a someterse a su propia negación.

> Ramla estaba vacía y rodeada de alambradas de espino. En su huida, los habitantes de la ciudad, que habían sido expulsados o se habían escapado, dejaron olores, ropas y muebles. Su ausencia era como una sólida presencia[6].

Como una plegaria embadurnada de hedor a muerte, Europa, perdida en su propia fractura, repite los salmos de los que emanó su culpa pasada. Incapaz de mirarse a la cara, ha decidido pagar con impunidad el precio del olvido. La valentía es demasiado cara como para afrontarla, especialmente cuando encuentra a su lado la complacencia bien avenida de un Estados Unidos anestesiado por el pragmatismo, por la persistente obsesión de construir su imperio sobre la destrucción ajena.

De esta forma, el silencio de Occidente se desplegó en Gaza. Se ha convertido en otro batallón

6. Kaniuk, Yoran. *1948*. Barcelona: Libros del Asteroide, 2012.

más en el ejercicio de la destrucción. El mutismo mata; mata con perversión y arrastra a Europa a esa razia en la que hordas con camisa caqui no muestran el más mínimo respeto por el derecho internacional.

Todo es susceptible de ser destruido ante el amparo salvaje de la venganza. Los hospitales se volvieron enemigos porque facultan la vida en un orden en el que se impone la muerte. Las escuelas y universidades pagaron con su existencia la desfachatez de desafiar con su luz el imperio de la oscuridad. Las mezquitas ofrecían abrigo a las almas heridas, mientras que los cultivos saciaban un hambre que también actúa al servicio de la venganza.

Todo en Gaza tiene que desaparecer. Hay que ahogar la vida en su propia sangre.

> Para Beguín, el mito ha anulado cualquier posibilidad de cuestionar quién es realmente el animal. Sus sueños e ilusiones se poblaron de los fantasmas de quienes exterminó en Deir Yasín, de quienes borró del espacio y el tiempo, de quienes eliminó para imponer su presencia, en el espacio y en el tiempo, en virtud de aquella misma ausencia[7].

Pero Israel no ha entendido que el silencio es atronador. Cuanto más hacen la Ocupación y sus aliados por acallarlo, más lejos llega, hasta colarse por todos los rincones de este mundo. La naturaleza

7. Darwish, Mahmud. *Memoria para el olvido, op. cit.*

de la destrucción es perversa porque siempre deriva en autodestrucción. La violencia carcome la esencia de la vida hasta neutralizarse, hasta convertirse en su propio verdugo. Como un sistema autoinmune, pierde la capacidad de controlarse y acaba por destruirse en su propio sufrimiento. Al final, el antídoto nace del veneno que lo genera. Y el antídoto en Gaza está en la valentía de su gente, en poetas, escritores y periodistas que tejen con sus relatos la red que ha atrapado al monstruo de la destrucción.

Movido por la desesperación que antecede al colapso, Israel lanzó sobre este antídoto una de sus espadas de hierro. Más de 230 periodistas han sido asesinados por Israel desde que empezó la guerra. Voces silenciadas, ojos cegados, manos mutiladas. Una reacción desesperada contra una hidra que no sucumbe ante la furia con la que Israel pretende escapar de su propia trampa.

> Salí por las calles de Gaza, llenas de sol brillante; me dijeron que Nadia perdió la pierna cuando se arrojó sobre sus hermanos pequeños protegiéndolos de las bombas y las llamas que aferraron sus garras contra la casa[8].

Gaza es eterna porque nace en sí misma. Cada cabeza cortada se multiplica, se regenera en una nueva forma preparada para responder con dignidad a la violencia del ocupante. Palestina ha mostrado desde el inicio de su tragedia una naturaleza

8. Kanafani, Gassan. *Tres hojas de Palestina y otros relatos, op. cit.*

adaptativa que la prepara para cualquier infierno. El fuego de Israel no doblegará a una generación de héroes que con su tinta esparcen sobre el papel la mancha de una infamia cuyo estigma nunca dejará de sangrar. Con su crueldad, Israel ha hecho de Palestina una realidad eterna.

Estas páginas son el fruto de esa capacidad de superación, son la manifestación con la que Gaza graba su dignidad en la historia. El conjunto de relatos que se incluyen en esta colección ha sido creado por una generación de jóvenes escritores que han encontrado en la literatura la forma de perpetuarse. Frente a las espadas de hierro, alzan la fortaleza inquebrantable de la pluma, esa fuerza que trasciende a épocas y lugares para sobreponerse a la historia.

Estos jóvenes recorren la misma senda por la que se adentraron hace ochenta años los escritores soviéticos Ilia Ehrenburg y Vasili Grossman, que, consternados por la magnitud del Holocausto, se propusieron crear un Libro negro que protegiera la memoria de las víctimas.

Recorrieron miles de kilómetros para enfrentarse al cruel destino que sufrieron un millón y medio de judíos soviéticos exterminados por los nazis por el simple hecho de existir. En su viaje abrieron la puerta del peor infierno jamás conocido por la Humanidad. Los testimonios son puro dolor. Nacen de la destrucción misma del hombre.

> Un policía le ordenó callar, pero mi hermana continuó cantando como si no lo hubiera es-

> cuchado. Se escucharon dos disparos. Mi padre levantó del suelo el cadáver de su única hija y llevó aquella preciosa y sagrada carga durante el kilómetro y medio que aún le quedaba por recorrer hasta el lugar de la ejecución[9].

La puerta a ese infierno se ha vuelto a abrir en Gaza. Israel, con su violencia, ha agitado los renglones de la obra soviética para mezclarlos con los que aquí se escriben. La campaña genocida sobre Gaza ha hecho que sea realmente difícil diferenciar qué relatos surgieron del puño de Ehrenburg y Grossman y cuáles del de Ghaydaa Al-Abadsa, Ibrahim Yaghi o cualquiera de los jóvenes que perpetúan el testimonio de esta repetición perversa de la historia.

Ehrenburg y Grossman revolvieron las entrañas de la culpa al tratar de dar voz a las víctimas de la barbarie. La crueldad de la guerra desgarró la identidad soviética, por lo que las autoridades se propusieron crear un relato que permitiera reconstruir la cohesión social en torno a la gesta bélica. La URSS necesitaba crear una narrativa común con la que se indultaba a los nacionalismos que tanto hicieron por posibilitar el exterminio del pueblo judío. Además, dentro de ese esfuerzo cohesionador, se criminalizó la diferenciación entre víctimas. La tragedia del pueblo judío quedó absorbida por la del pueblo soviético en su conjunto, lo que se manifestó en dos barridos de censura que dejaron al manuscri-

9. Ehrenburg, Ilyá; Grossman, Vasili. *El libro negro.* Barcelona: Galaxia Gutenberg, 2017.

to de *El Libro negro* al borde de la desaparición. Sin embargo, el destino, en uno de sus arrebatos, hizo que el manuscrito llegara a Israel y se editara en Yad Vashem.

De una manera que hoy puede parecer irónica, incluso macabra, Israel se convirtió en custodio de la obra desde la que se mira hoy a Gaza, una obra en la que el propio país ha perdido sus referencias. Esa actitud con la que Israel se otorga a sí mismo el monopolio del dolor, ya sea para reivindicar su sufrimiento como para ejercerlo sobre los demás, ha alterado el mapa con el que el país se sitúa en *El Libro negro.* Cada vez están más lejos de las víctimas y más cerca de los verdugos.

> Nosotros no nos podemos permitir ni un solo instante de debilidad, porque todo nos sería arrebatado. Hay que ser un poco nazis. Por fin lo habéis dicho en voz alta. Por fin lo habéis comprendido, chicos. Os felicito[10].

Europa también ha perdido la perspectiva desde la que se enfrenta a la obra. En una inversión de la realidad, se ha agarrado a la mitología israelí para rescatarse de sus propias miserias. El silencio es la salida con la que evita identificarse entre quienes construyeron los campos de exterminio por los que ahora paga Palestina. Además, el continente se ha perdido en el laberinto identitario y ha decidido orientarse con el programa de esos antisemitas que

10. Sarid, Yishai. *El Monstruo de la memoria.* Madrid: Sigilo, 2022.

se realizaron en la muerte, de los mismos antisemitas que hoy mancillan ese término con el único objetivo de camuflar la confesión de su propia barbarie. Europa se enfrenta en Gaza a reabrir sus heridas en un momento en el que vuelve a buscar su salvación en los discursos que se construyen con el culto al terror.

Las voces de Gaza se alzan ahora contra esta hipocresía. Con su valentía, la propia de quienes convierten su vida en un desafío constante a la muerte, se han plantado ante todo el mundo para reivindicar su dignidad. Con relatos que recorren el genocidio desde diferentes perspectivas, dejan un legado para que las generaciones futuras puedan defender con certeza que el silencio de Europa no funcionó, que sí se sabía lo que pasaba en Gaza. Que se supo desde el primer momento. Pero, sobre todo, lo que han logrado estos jóvenes es cumplir con lo que pidió el poeta Refaat Alareer, asesinado por Israel el 6 de diciembre de 2023.

Si debo morir, debes vivir
para contar mi historia.

Si debo morir
deja que traiga esperanza.
Deja que sea un cuento [11].

Gonzalo Delgado

11. Alareer, Refat. *If I must die, let it be a tale.* Poema escrito en 2011 y difundido ampliamente tras el asesinato del autor en diciembre de 2023.

AQUELLOS QUE SOSTIENEN LA PLUMA EN LA OSCURIDAD DE LA NOCHE

La escritura literaria es fundamentalmente un acto de enriquecimiento intelectual y de bienestar mental. Necesita una sólida y sostenida aportación de la experiencia y de la percepción. Requiere de un caudal de conocimiento de las realidades de los demás, aprehendidas tanto a través de los libros como de la propia vida, para llegar a producir discursos propios e, incluso, propuestas que desafían y ponen en tela de juicio el contexto social y acaban convirtiéndose en discursos pioneros o guías de un grupo o una sociedad, además de exhibir su propia condición artística y creativa.

En la guerra, todo este sistema se desmorona: no hay estabilidad para la contemplación, ni tiempo para escribir, ni público que pueda escuchar... Solo queda la escritura documental e histórica, que recoge las escenas cotidianas, de catástrofe y locura, y las confina entre renglones. Aquí surge la pregunta: ¿Quién tiene la capacidad de mantenerse firme ante la sangre, los despojos y los escombros para hacer de cazador ágil que atrapa a sus presas, cuando él mismo es la presa, destrozado en cuerpo y alma?

Sin embargo, la escritura aquí, en Gaza, y especialmente en una guerra como esta, se convierte en un deber funcional que tenemos ante nosotros y que debe cumplirse, como rezar por el mártir, despedirse de los amigos, esquivar la muerte y seguir haciendo el esfuerzo vital por empujar la piedra de la resistencia a la cima de una montaña trágica.

El deber de tranquilizar y reafirmar al pueblo sobre la vigencia de sus valores y su patrimonio nacional y moral. El deber de dar esperanza a las madres en duelo y recordarles que seguimos aquí y somos portadores de las banderas en la batalla contra la opresión. El deber de que el enemigo no se regocije al ver nuestra muerte. Un deber y una deuda que tenemos con los mártires y los niños huérfanos. Un deber de pura humanidad hacia quienes tienen derecho a enfrentar, desde la verdad y la palabra, la atrocidad y la brutalidad del genocidio y la limpieza étnica.

Sin duda, la guerra en Gaza es la experiencia más cruel de quienes la han vivido, una experiencia que rara vez vive una persona. Puede que los ancianos y los padres soporten estas dificultades, pero ¿cómo experimentan la guerra los niños, si aún no han experimentado la vida?

La mayoría de los autores de los relatos que usted, querido lector, puede leer en las próximas páginas, están escritos por jóvenes que nacieron durante el asedio de Gaza en 2007 o, en el mejor de los casos, por niños y niñas que por entonces todavía no habían cruzado la puerta de la escuela. ¿Cómo han soportado esos niños esta situación? ¿Cómo han escrito estos relatos y han conseguido sobrevivir a la ausencia de hogar, de electricidad y de seguridad? Antes de sumergirnos en su lectura, deberíamos preguntarnos cómo ha sido posible producir estos textos bajo los bombardeos, mientras huían de una calle a otra, mientras escapaban del hambre una y otra vez.

Son estados que elevan la adrenalina a niveles sin precedentes; las neuronas resplandecen, y uno está muy cerca de Dios, se purifica, se eleva, trasciende el lujo de la vida diaria y se abre a recibir la revelación. El valor de las cosas disminuye cuando te encuentras con la muerte y hasta la tocas.

Experimentas el miedo y la pérdida, experimentas las lágrimas, la tristeza, el hambre y un largo agotamiento espiritual. Y, entonces, te preguntas: ¡¿Cómo podrá la escritura expresar todo esto?! Esta es una duda corriente y un error común que paraliza el proceso de escribir. Pero ¿es realmente capaz la escritura de captar la magnitud de lo que hemos vivido?

Por supuesto que no, y ciertamente el propósito de la escritura no es desempeñar el papel del periodismo y la televisión. Quizá debería retratar lo que la cámara no puede ver: emociones, silencio, dolor y pérdida. En la crónica de guerra, basta con capturar detalles pequeños y particulares, y estos detalles, aunque marginales y repetitivos para quienes están inmersos en la catástrofe, se presentan como metáforas en un contexto irreal para quienes están fuera, contribuyendo hasta cierto punto a trazar una imagen completa de lo que los gazatíes están viviendo.

La escritura ha pasado de ser un acto personal a un deber nacional para levantar el ánimo, primero para los propios jóvenes que escribieron las historias de este libro y para las personas en duelo a su alrededor. Han escrito sobre su relación con el hogar destruido, sobre los amigos desaparecidos bajo los escombros, sobre el horror cotidiano y las vidas amenazadas, sobre la humillación de enfrentarse a las colas del pan, la vida y la comida.

Su escritura denuncia la guerra, escupe sobre los soldados y desenmascara la falsa imagen del «ejército más moral del mundo». Revela un nuevo holocausto, un nuevo Auschwitz en Gaza, perpetrado y transmitido en directo por el Estado que durante mucho tiempo ha llorado ante el mundo a sus víctimas en el Auschwitz nazi.

Entre las líneas de este libro, las imágenes trasmiten poderosos significados simbólicos y una impactante evocación emocional, mostrando casas y balcones destrozados y cuerpos desgarrados como testigos del sufrimiento y la resiliencia. Estas imágenes crean un lenguaje especial que conecta a lectores de todo el mundo con la experiencia colectiva de Gaza.

En este libro, los jóvenes escriben sus historias, no sus fantasías; su sangre, no su tinta; sus lágrimas, no sus sueños. Escriben entre los escombros de sus casas, en la oscuridad de una noche sin electricidad; con las manos ennegrecidas por la ceniza de la leña que encienden para cocinar, donde no hay gas ni cocinas; con las espaldas encorvadas bajo el peso de los bidones de agua que cargan desde lugares lejanos porque no hay agua corriente. No son escritores con acceso a cómodas mesas, ordenadores portátiles y tazas de café, sino que excavan y cincelan en la roca del sufrimiento para trasmitir el relato y las voces de la muerte, la pérdida y la privación a lectores a quienes tal vez no les importe. Llevan a cabo la labor más descabellada, más humana y digna en medio de una guerra brutal, simplemente porque están en posesión de la verdad y la denuncian ante el mundo, convirtiéndose en abogados de una causa justa.

Lo que ocurre hoy en Gaza no es una isla temporal aislada de la historia del conflicto entre dos partes: los residentes y legítimos dueños de la tierra, por un lado, y los usurpadores que huyeron de Europa, por el otro; que llegaron como refugiados en barcos con banderas que decían: «¡Oh, gente de Palestina, no nos abandonéis!». Los habitantes de esta tierra les dieron la bienvenida y los acogieron, permitiéndoles establecer sus propios asentamientos y vivir juntos como vecinos; parias en Europa y respetados en Palestina.

Pero mordieron la mano que les dio de comer, y con la ayuda de Gran Bretaña, sus armas y su ominosa promesa[1], las bandas sionistas de la Haganá, Irgún y Stern comenzaron a desarrollar su trabajo terrorista contra campesinos simples y desarmados, y empezaron las masacres: Deir Yassín, Tantura, Qibya y otras. Hasta que llegó la Nakba en 1948 y esas bandas se transformaron en un ejército nazi que practicaba la limpieza étnica con una doctrina y

1. Referencia a la Declaración Balfour del 2 de noviembre de 1917, en la que Reino Unido anunciaba públicamente su apoyo formal a la creación de un «hogar nacional» judío en Palestina.

planificación premeditada para vaciar de población el centro y el norte de Palestina, según documentó el libro del historiador israelí Ilan Pappé *La Limpieza Étnica de Palestina.* Cerca de 700 000 de un total de 900 000 habitantes fueron desplazados a Cisjordania y la Franja de Gaza.

El sionismo incorporó Gaza, Cisjordania y Jerusalén en 1967 como territorios ocupados, y se ejerció una discriminación racial, persecución política y marginación cultural contra sus habitantes. Tras aceptar la OLP y Yasser Arafat la solución de los dos Estados, Israel incumplió su promesa de crear un Estado palestino en las fronteras de 1967. Isaac Rabin, por entonces primer ministro israelí y parte de los Acuerdos de Oslo, fue asesinado por un ultranacionalista israelí. La extrema derecha resurgió, y Gaza fue sitiada bajo el pretexto de la existencia de un Hamás elegido por sus habitantes. Los gazatíes vivieron diecisiete años de asedio, mientras al mismo tiempo Israel anulaba las competencias de la Autoridad Palestina y asediaba a su presidente hasta que murió en circunstancias misteriosas. Se prohibió viajar a los habitantes de Gaza. Se controlaron las fuentes de agua, la electricidad y las zonas de pesca marítima. Se practicaron todo tipo de humillaciones en los pasos fronterizos y se restringieron importaciones y exportaciones.

Durante esos años, la población se vio sometida a diversas guerras e incursiones militares del ejército israelí bajo el pretexto de la existencia de Hamás. Se sucedieron seis guerras en los años 2008, 2012, 2014,

2019 y 2021. Más de 16 000 personas, incluidos adolescentes, fueron arrestadas por largos periodos y sin juicio alguno. El aeropuerto de Gaza fue demolido y se prohibió el suministro de electricidad a la Franja, donde los habitantes solo contaban con una modesta estación generadora que suministró energía a los hogares durante diecisiete años en franjas de seis a ocho horas al día. La gente compensó la reducción de electricidad con todo lo posible, desde velas y baterías hasta generadores y paneles solares. El suministro de agua se redujo y se usaron pozos no aptos para el consumo. Israel también bloqueó Gaza desde el mar, redujo la zona de pesca a menos de seis millas náuticas y prohibió a los trabajadores entrar a Israel, aumentando el desempleo a más del 80%.

Al mismo tiempo, hay un aspecto aún más duro y cruel en la forma en que la Ocupación trata a la población. Nos miran con desprecio, ni siquiera nos ven como seres humanos. El israelí, en general, asume que somos criaturas de un nivel inferior, algo así como animales, por lo que no muestra ningún remordimiento cuando nos matan, nos sitian o nos dejan morir de hambre. Practican con nosotros un sadismo extremo. Siempre proyectan sobre sí mismos la imagen de la víctima, y así pueden seguir infligiendo sufrimiento tras sufrimiento a los palestinos sin el más mínimo remordimiento ni vergüenza. De hecho, no conocen otra forma de lidiar con nosotros que a través de la opresión y el sufrimiento.

Se vuelven locos si surge entre nosotros un gran poeta como Darwish, o si un cantante como Mohammed Assaf gana el concurso Arab Idol, o si la selección palestina de fútbol gana un partido. Se enfurecen si desafiamos sus enfermizos conceptos sobre nosotros. Por eso insistimos en hacer todo el esfuerzo posible por reivindicarnos como un pueblo civilizado, culto y educado; un pueblo que no se rompe, no se deprime y no fracasa, un pueblo capaz de participar en la civilización mundial con sus artistas, pintores y poetas. Porque estos enemigos solo «me quieren muerto», como dijo Darwish, y como anhelaba Rabin al soñar con una Gaza engullida por el mar.

Por eso las palabras que escribimos nos parecen rifles, y las letras, balas. Porque con ellas defendemos nuestra humanidad negada y nuestra pisoteada dignidad, antes de reivindicar nuestra existencia, nuestra tierra y nuestros derechos usurpados.

En cualquier caso, lo que ha ocurrido en los últimos dos años no se compara con nada de lo anterior: 100 000 muertos en Gaza[2], dos tercios de ellos mujeres y niños. En el momento de escribir estas líneas, julio de 2025, 18 000 niños, de los que 5000 eran menores de 5 años, han sido asesinados. El 80% de los edificios de la Franja han sido demolidos, así como la mayoría de los hospitales, escuelas, universidades y mezquitas. Dos millones de habitantes han sido sometidos a inanición y se ha prohibido la entrada de ayuda durante muchos meses. En los

2. Está cifra, estimada en julio de 2025, incluye a todas las personas que han muerto como consecuencia de la ofensiva israelí y no solo a las asesinadas directamente en bombardeos y otras acciones militares.

hospitales, se han desconectado los respiradores de las salas de neonatos para que mueran y se descompongan. Se han volado pozos de agua. Se ha asesinado deliberadamente a médicos y periodistas en un intento de borrar las salvajadas perpetradas sobre el terreno, como el asesinato de civiles como pasatiempo, de acuerdo con el propio relato de Yair Golan, líder político en Israel. Todo esto sucede mientras se impide la entrada de periodistas para revelar y documentar una lista demasiado larga de atrocidades.

Me quito el sombrero y me inclino ante todo el que ha vivido y resistido en Gaza y sigue respirando, me inclino y beso la tierra que pisaron las madres mientras llevaban los cuerpos de sus hijos a la tumba. Me inclino ante los niños hambrientos y mutilados que perdieron el sueño de estudiar. Me inclino ante los héroes que escribieron este libro para que se erija en testigo eterno de un crimen que sacudió al mundo, escrito por las propias víctimas. Aquellos que sostienen la pluma en la oscuridad de la noche, y durante el día encienden la leña y llevan el agua a sus espaldas, siguen el camino de Darwish, Samih al-Qasim, Kanafani y Tawfiq Ziad. Aquellos ante los que se inclina la humanidad hipócrita que solo grita en las manifestaciones mientras guarda silencio ante los vetos.

¡Viva Palestina libre! ¡Viva Palestina libre! ¡Abajo la Ocupación!

Nasser Rabah

Ha sucedido y, por consiguiente, puede volver a suceder: esto es la esencia de lo que tenemos que decir. Puede ocurrir, y en cualquier parte[1].

1. Primo Levi. *Los Hundidos y los salvados.* Barcelona: Muchnik Editores, 1989.

JALED AL QERSHALI

Jaled Al Qershali es un escritor palestino de la Gaza asediada que apunta alto. Se ha licenciado durante el genocidio en Literatura Inglesa por la Universidad Islámica de Gaza, donde ha ejercido de estudiante aplicado que disfruta tanto de aprender cosas nuevas como de pasar el rato con sus amigos. Le encanta nadar y jugar en el ordenador.

—Cuando termine de estudiar, me regalaré una o dos horitas jugando a mi videojuego favorito, *Valorant* —suele decir.

El poeta Refaat Alareer, asesinado por Israel, fue su profesor. La Ocupación también mató a sus mejores amigos, Mohammed Hamo y Abdallah al Jaldi. Jaled insistió en completar sus estudios a pesar del genocidio, que lo ha forzado a desplazarse y le ha arrebatado a varios seres queridos.

Para Jaled, la escritura es un arma con la que resistir al ocupante.

—Creo firmemente que la literatura es una forma de resistencia —asegura.

UNA TORTURA INSUFRIBLE

El 6 de octubre de 2023, entré en el sur de Gaza por primera vez en mi vida. Fui junto a otros amigos a la fiesta de graduación de mi colega, Osama Adas, en la Universidad de Al Aqsa.

Tras la celebración, Osama nos invitó a cenar en un restaurante. Fue un final de semana genial. Tras disfrutar la noche juntos, me acosté felizmente con la intención de levantarme a las siete de la mañana para ir a la universidad.

El estruendo de los bombardeos me despertó a las seis. Mi habitación, que daba al balcón del apartamento, amplificaba las explosiones.

A esa hora mis hermanos se preparaban para ir al colegio, pero no fueron. Estaban aterrados.

A pesar de las circunstancias, mi padre insistió en acudir a su puesto de trabajo en los almacenes del Ministerio de Sanidad. Los cortes de electricidad empezaron sobre las diez de la mañana.

Temiendo que el genocidio iría para largo, mi madre y yo salimos a comprar. Compramos todo lo esencial: harina, leche, aceite y azúcar. De repente, ese mismo día, comenzaron los cortes de internet.

La situación era extremadamente compleja. Un aluvión de bombas caía a nuestro alrededor. El 9 de octubre, el ejército israelí lanzó un ataque contra la mezquita Al Sousi, destruyéndola por completo.

Los fragmentos dañaron los edificios colindantes. Cuando el misil impactó contra la mezquita, corrimos a abrir las ventanas para que no reventaran por el efecto de la explosión.

El 11 de octubre, mi tío Hosam Shallah tuvo que salir corriendo de casa para refugiarse con unos familiares. Ese mismo día, había recibido la llamada de un militar israelí advirtiéndole de que en cinco minutos bombardearían toda su calle y que disponía de ese tiempo para escapar.

Hosam y su familia salieron de casa con lo que llevaban puesto y el teléfono móvil en el bolsillo. No tuvieron oportunidad de llevarse nada más. Al llegar a casa de sus parientes, pensaron que estarían a salvo, pero ya no quedaba un solo rincón seguro en Gaza.

Al amanecer, mi tío Hosam oyó un ruido en la calle. Se asomó para ver qué pasaba y se enteró de que las fuerzas de Ocupación iban a bombardear un edificio de la zona en cuestión de minutos.

Aterrado, Hosam tomó a su familia para salir de allí. Mientras corrían, pasaron junto a dos sanitarios de una ambulancia. Diez metros detrás se encontraban las ruinas del edificio contra el que el ejército israelí había dirigido su amenaza. Hosam vino a casa a refugiarse.

La noche siguiente, mi hermano menor recibió una llamada en la que se repetía «todos los terroristas morirán». Corrió a decírselo a mi padre, que lo tranquilizó diciendo que era una grabación.

Cuando llamaron de nuevo, mi padre cogió el teléfono. Intentó hablar con quien estuviera al otro lado de la línea, pero nadie respondió. En su lugar, se reprodujo la grabación de la amenaza.

El 13 de octubre, mi hermano me despertó diciéndome que me preparara para marcharnos. Pensé que era una broma y no le di importancia.

Había cierto jaleo en la casa, por lo que me levanté para ver qué pasaba. Vi a mi madre organizando bolsas.

—Tráeme dos mudas de ropa tuyas y prepara tu mochila —me dijo mirándome.

Sorprendido, le hice caso. No podía llevarme todas mis cosas, así que me limité a coger mi ordenador, el teléfono y el cargador.

Como mi tío Hosam y su familia habían huido sin nada, cogieron algo de ropa nuestra y varios colchones. Mi madre intentó llamar a mi padre, pero no consiguió hablar con él porque había muy poca cobertura.

Mi padre llegó a casa mientras estábamos saliendo. Se unió a nosotros sin llevar nada más que las dos mudas de ropa que le había cogido mi madre. No había vehículos disponibles en la calle, así que caminamos hasta el Hospital Al Shifa esperando encontrar allí algún coche.

Cargados con las mochilas y el resto del equipaje, fueron los diez minutos de camino más duros de mi vida.

Al llegar al hospital, el ejército israelí lanzó sobre nosotros unos panfletos. Miles de personas intentaban dirigirse al sur. La demanda de medios de transporte hizo que el precio se disparara. Conseguimos encontrar un coche pequeño para las dos familias y pagamos cien dólares por un trayecto que antes no hubiera costado más de doce.

Trataba de no ser pesimista e intentaba plantearme todo como un viaje a una parte de la Franja desconocida para mí. Cuando llegamos a nuestro destino, una escuela de la UNRWA en Deir al Balá, no encontramos espacio donde acomodarnos. Todas las aulas estaban llenas de familias desplazadas.

Las personas que había en la escuela intentaron ayudarnos y abrieron la biblioteca para que nos instalásemos. Sin embargo, a esa escuela seguían llegando muchos desplazados y no nos parecía bien ocupar tanto espacio, así que entre todos decidimos que se quedarían solo las mujeres. Una vez todos estuvimos de acuerdo, buscamos un nuevo lugar en el que acomodarnos.

Me quedé allí para que nadie nos quitara el sitio mientras mi padre y mi tío iban a por comida y agua. Yo me moría de sed, así que dejé el lugar al cuidado de mi hermano y de Bader, hijo de mi tío Hosam. Estuve dando vueltas cerca de la escuela durante una hora, hasta que por fin encontré un camión cisterna. Por suerte, un rato antes había encontrado una botella vacía.

Llené la botella con agua potable. Después de hacer cola durante más de cuatro horas, mi padre volvió con una bolsa de pan. Mi tío llegó una hora más tarde con algo de queso, chocolate y carne en lata.

Cuando acabamos con todo, las mujeres volvieron a la escuela, y nosotros nos quedamos dándole vueltas a cómo íbamos a pasar la noche. Solo teníamos unas pocas mantas, así que las tendimos en el suelo y nos tumbamos allí, sin almohadas ni nada que nos cubriera.

Quería dormir, así que me puse a contemplar las estrellas y pensar en lo que nos podría suceder. Mientras las miraba, pensé que esa era la cara amable de la guerra, pero lo que no sabía entonces es que, lo que yo creía estrellas, eran en realidad drones de las fuerzas de ocupación israelí.

Al día siguiente me levanté a las ocho de la mañana, aunque no soy precisamente madrugador. El calor me impedía seguir durmiendo y, en realidad levantarme me vino bien para conseguir agua, ya que los camiones solían llegar a primera hora de la mañana.

Comimos algo de pan que habíamos comprado el día anterior y, después, mi padre y mi tío salieron a buscar algo más que llevarnos a la boca. Me quedé con mi hermano y con mi primo dándole vueltas a la cabeza para ver cómo podíamos apañárnoslas para hacer la tienda un poco más amplia.

Encontramos varios pupitres que nos llevamos para usarlos como mesa. Por la tarde, mi padre y mi tío volvieron con los mismos alimentos del día anterior. Todos los días eran iguales.

Aparte de la comida, el mayor desafío era ir al servicio. Nunca había defecado fuera de casa. Los baños de la escuela, sin agua corriente,estaban inmundos y encharcados de excrementos.

A diferencia de mis tíos, mi padre tuvo la suerte de haber tenido que desplazarse solo una vez. Mis tíos huyeron el 13 de octubre del barrio de Al Naser en dirección al chalé que tenía mi abuelo en Al Zahraa.

Las fuerzas israelíes bombardearon las torres de Al Zahraa el 20 de octubre, lo que provocó la evacuación de toda la localidad. Mis tíos se dirigieron hacia Al Zawaida con lo puesto.

Todos mis tíos se desplazaron a Al Zawaida, donde montaron las tiendas. Era la primera vez que pasaban el invierno en tiendas, que pronto se anegaron, calando ropa y colchones.

Con el transcurso de los meses, el sufrimiento cambia de naturaleza. Ahora, en lugar del agua, los aflige el calor extremo. Es imposible quedarse dentro de las tiendas. Para enfriar el agua, entierran botellas en agujeros que cavan en la arena.

No han tenido un momento de descanso. En marzo de 2024, las fuerzas israelíes avanzaron hacia Al Zawaida. El sonido de las balas y de los tanques era cada vez más intenso. Dispararon a un hombre del campamento, y mis tíos salieron corriendo para salvar la vida.

Llegaron a Rafah, donde permanecieron dos meses hasta que el ejército israelí amenazó con evacuar la zona. No tenían dónde ir, así que volvieron a Al Zawaida y al sufrimiento de las tiendas.

Tras el alto el fuego de enero de 2025, volvieron a su casa de la calle Al Naser. Apañaron las viviendas como pudieron y se establecieron allí. Mi familia se quedó en las tiendas para desplazados.

Hice mi examen final de Psicosociolingüística el primer día de la tregua. Una vez terminado, recogí mis cosas y me dirigí al norte.

Quería ver mi casa y encontrarme con mis amigos. En seis horas, recorrí el camino de Deir al Balá a la calle Al Naser. Llegué a Gaza por la noche, pero mi casa no era habitable, así que esa noche me quedé en casa de un amigo. Pasé una semana en la ciudad de Gaza, juntándome con mis amigos.

Aunque me había quedado sin casa y sin dos de mis mejores amigos, la vida empezaba a mejorar. Sin embargo, nada dura para siempre. Las fuerzas de ocupación israelíes cerraron el 2 de marzo los pasos fronterizos para impedir la entrada de alimentos en la Franja. Nos enfrentábamos a una nueva realidad marcada por la escasez y la incertidumbre.

La vida empeoró cuando el 18 de marzo las fuerzas de ocupación decidieron violar el alto el fuego. Antes de acabar el mes, nos quedamos sin recursos básicos como harina, azúcar y gas para cocinar.

Desde entonces, mi tiempo dejó de ser mío. Mi padre trabajaba hasta la extenuación en los hospitales Shuhada Al Aqsa y Al Midanee. Yo asumí la responsabilidad de alimentar a mi familia. Me levantaba cada día a las siete de la mañana para ir al mercado con la esperanza de encontrar algo que comprar. Conseguir alimentos representaba un desafío permanente.

Cuando encontraba algo, solo compraba lo que fuéramos a comer en el día, ya que sin nevera, la comida se estropeaba rápidamente. Vivíamos en la calle, expuestos a gatos, ratas y cucarachas que a menudo echaban a perder nuestras provisiones.

Si yo me encargaba de la comida, mi hermano pequeño lo hacía del agua. Conseguirla era su misión diaria, un drama en sí mismo. A la vuelta del mercado, íbamos los dos a comprar algo de leña.

Pero también el precio de la leña se disparó; antes del genocidio, un kilo no pasaba de los veinte céntimos porque casi nadie la necesitaba, mientras que ahora superaba los cuatro dólares. Mi hermano cortaba la leña, y yo me ocupaba de cocinar.

No tenía vida hasta el anochecer. Cada día era una sucesión de desafíos rutinarios y soportar ese sufrimiento sin la alimentación adecuada se convirtió en una agonía intolerable.

EL DESAFÍO DE ESTUDIAR DURANTE UN GENOCIDIO

Terminé el instituto en 2020, lleno de esperanza y ambición. Me matriculé en la Universidad Islámica de Gaza para estudiar un grado de Literatura inglesa en la Facultad de Artes.

Mi pasión por el inglés comenzó en primaria, en un momento complicado porque mi madre estaba enferma. Tuve que preparar los exámenes finales sin su ayuda, y su ausencia se hizo realmente palpable. A pesar de las dificultades, bordé el examen de inglés y obtuve la calificación máxima. Con la ilusión del primer año de universidad, tracé un plan de estudios y me sumergí de lleno en las seis asignaturas. Sin embargo, la falta de familiaridad con la enseñanza *online* durante la pandemia hizo que mis notas no fueran tan buenas como hubiese esperado.

Las clases presenciales se retomaron en mi segundo año. Era la primera vez que pisaba el campus, donde conocí a gente nueva y exploré nuevos lugares. Vivía una auténtica aventura: me pasaba las horas en la cafetería con mis amigos y apenas dedicaba tiempo al estudio.

Cuando mi madre vio mis notas, lloró, decepcionada, y sus lágrimas se convirtieron en mi motivación. Prometí que la haría sentirse orgullosa sacando las mejores calificaciones el siguiente semestre. Preparé un plan de estudio riguroso para mejorar mis notas y subir la media.

Mi dedicación fue más intensa en el tercer año. No falté a ninguna clase y reduje mi vida social a un día a la semana.

Mis padres, al ver mi determinación, me apoyaron todavía más.

Los esfuerzos dieron fruto. Mi rutina, consistente en levantarme a las siete de la mañana, ir a clase y pasar tardes enteras inmerso en libros, dio resultados. Saqué mejores notas que el mejor estudiante de mi promoción.

Pasaba los fines de semana con dos amigos íntimos, Abdallah Al-Jaldi y Mohammed Hamo. Nos reuníamos para jugar a las cartas y a videojuegos en el ordenador.

Conocía a Abdallah desde el instituto. Comíamos juntos y pasábamos el día el uno en la casa del otro, soñando nuestro porvenir. Él estudiaba *marketing* digital y también trabajaba para ayudar a su familia. Muy pocos sabían que estaba en la resistencia.

Mohammed Hamo era un compañero de la Universidad Islámica de Gaza, especializado en traducción. Quería hacer un máster de periodismo. Era un estudiante y escritor brillante que había publicado su primer trabajo en *We Are Not Numbers* el 12 de junio de 2023.

El 7 de octubre me levanté a las siete de la mañana, con intención de desayunar e ir a la presentación en la universidad. Sin embargo, el barrio fue sacudido por el estruendo del bombardeo. Mi habitación, que daba al balcón del apartamento, amplificaba las explosiones. Mis hermanos pequeños gritaban de pánico.

Pasamos la primera semana aterrorizados, atrapados en casa mientras las bombas caían a nuestro alrededor. Cada día traía consigo un nuevo miedo, una nueva pérdida, un nuevo desafío. Las bombas caían en gran número y muy cerca. El 9 de octubre de 2023, la Ocupación bombardeó la mezquita de Al Sousi, próxima a mi casa.

El 13 de octubre nos vimos forzados a trasladarnos al sur de Gaza, sumándonos a las incontables familias desplazadas que buscaban refugio entre incesantes bombardeos. En Deir al-Balah[1] comenzamos una nueva realidad, una vida marcada por la escasez y la incertidumbre.

Traté de mantener cierta normalidad y me esforcé por estudiar y leer en esos primeros días. Pero resultaba imposible. No había conexión a internet, ni luz, ni siquiera lo básico: libros o bolígrafos. La guerra nos había arrebatado todo: hogar, escuela y nuestra vida anterior.

Tampoco tenía tiempo para mí en esos primeros meses de la guerra. Mi padre trabajaba incansablemente en el hospital Shuhada Al Aqsa, así que asumí la responsabilidad de mantener a mi familia. Conseguir agua se convirtió en el gran desafío

1. Ciudad en la parte central de la Franja de Gaza que desempeña un papel fundamental como refugio para desplazados desde el inicio de la agresión israelí.

diario, un verdadero calvario. La sobrepoblación de Deir al-Balah obligaba a hacer horas de cola hasta para comprar pan.

Intenté sin éxito contactar con Abdallah durante las primeras semanas del genocidio. Conseguí llegar hasta su vecino, Osama Adas, para preguntar por él.

—Ya sabes que Abdallah está en la resistencia. No lo he visto ni hablado con él desde el 7 de octubre —respondió.

El 24 de noviembre de 2023 encontraron su cuerpo en el campamento de Al Shati. Su padre se encargó de enterrarlo con ayuda de algunos vecinos que se quedaron en el norte. Su madre se había desplazado al sur, por lo que no pudo despedirse de su hijo.

Mantuve el contacto con Mohammed, que solía preguntarme por la vida de un desplazado. Cuando me contó cómo era la suya bajo la agresión israelí en Gaza, traté de convencerlo de que se marchara.

No quería irse porque no conocía a nadie en el sur. Permaneció en su casa cerca de Tal al-Hawa. Cuando los bombardeos alcanzaron su barrio, Mohammed y su familia se vieron forzados a dejar el hogar y mudarse a casa de los abuelos.

El 24 de noviembre de 2023, unas horas antes del primer acuerdo de alto el fuego, el genocidio se llevó a Mohammed y su familia. Mohammed, su padre, madre y hermano fueron asesinados por la Ocupación.

Perdí a dos grandes amigos en un mismo día.

Sus muertes dejaron un vacío que ninguna palabra puede llenar. No pude asistir al entierro de

Abdallah porque estaba desplazado en el sur y la carretera estaba cortada.

Ha pasado un año y medio, y el cuerpo de Mohammed sigue bajo los escombros[2].

Durante el desplazamiento, cuando no encontrábamos pan, compraba harina para que mi madre lo amasara. Sin gas para cocinar, iba todos los días a casa de un vecino que tenía un horno de barro y pasaba horas bajo un sol de justicia mientras se cocía el pan.

La comida era otra lucha constante. En las raras ocasiones en que se abrían los pasos fronterizos, nos llegaban algunos productos. Pero la mayor parte del tiempo tenía que andar más de dos kilómetros para conseguir alimentos básicos como arroz, azúcar, leche o harina.

Las verduras, la fruta y la carne se convirtieron en lujos ocasionales. Sin nevera, la comida se estropeaba enseguida por el calor o por la contaminación constante de insectos y alimañas.

Sin embargo, me negué a rendirme. En agosto, completé el semestre gracias a la iniciativa de la Universidad de Birzeit. Al mismo tiempo, la Universidad Islámica de Gaza reanudó las clases virtuales.

Retomé inmediatamente los estudios, trasnochando para seguir las clases y completar los tra-

---

2. A fecha de cierre de la presente edición, diciembre de 2025, el cuerpo de Mohammed sigue sin ser recuperado. Mohammed nació en Gaza el 30 de julio de 2002, y quienes lo conocían destacan la capacidad que tenía su risa para transmitir alegría.

bajos. No fue fácil, pero logré presentar mi primer trabajo de investigación ese mismo semestre.

En octubre había completado el primer semestre del último curso, logrando matrícula de honor en todas las materias. Era la primera vez que alcanzaba la media que me había fijado como objetivo cuando empecé la universidad. Me matriculé en el segundo semestre, dispuesto a terminar mis estudios a pesar de las circunstancias.

Pero surgieron nuevos retos. El 20 de octubre, se averió el generador que suministraba electricidad a nuestro campamento. De nuevo, tuve que recorrer más de un kilómetro para encontrar un lugar con Internet y electricidad desde el que trabajar.

A pesar de todo, de la guerra, de los desplazamientos y de los desafíos diarios, me mantuve firme y completé el segundo semestre con matrícula en todas las asignaturas y subí todavía más mi media académica.

El 23 de junio de 2025 terminé las prácticas. Me había graduado con la media con la que había soñado. Aunque Gaza estuviese bajo asedio, me negué a que destruyeran mis sueños.

Cumplí el mío, pero los de otros fueron completamente destrozados. Mi primo Abdulrahman Shallah preparaba el Tawjihi, el último año de secundaria en Palestina, cuando el genocidio frustró sus ilusiones.

Quería terminar la secundaria para estudiar en el extranjero. Era un estudiante excelente y quería licenciarse en Medicina.

Debido a la importancia del último curso, el Ministerio de Educación palestino rechazó que los exámenes fuesen *online*. Tras aplazar las pruebas durante un año, el Ministerio trató de retomar los exámenes, pero la ocupación israelí tenía otros planes.

Las tropas israelíes ordenaron la evacuación de las áreas en las que el Ministerio de Educación quería realizar las pruebas, impidiendo que se completaran los exámenes.

Tras el inicio del alto el fuego el 19 de enero, Abdulrahman se enteró por la prensa de que el examen se realizaría en los meses siguientes. Empezó a recibir clases particulares con profesores especializados. Quería cumplir su sueño, pero el 18 de marzo, el ejército de ocupación rompió el alto el fuego matando a cientos de civiles inocentes.

Aun así, Abdulrahman no se rindió. Confiaba en que el alto el fuego se retomase pronto, así que no tenía tiempo que perder. Siguió estudiando con denuedo.

Tres misiles de un F-16 arrasaron la casa de Abdulrahman. Su padre, hermano y hermana resultaron heridos. La madre de Abdulrahman y su tía Safaa fueron asesinadas. Tras la muerte de su madre, Abdulrahman dejó de estudiar.

Ya ha pasado otro año. Los estudiantes de Cisjordania harán los exámenes en junio, mientras que a los de Gaza se les impide hacerlos. Tras perder a su madre y dos años de vida por el genocidio, la esperanza de Abdulrahman se desvaneció en la oscuridad. Su sueño se hizo trizas.

OHOOD MOHAMMED NASSAR

Ohood Mohammed Nassar tiene veintitrés años y vive en el norte de la Franja de Gaza. Es estudiante de la Universidad Islámica de Gaza y actualmente da clases de educación infantil a niños desplazados en el Estadio Palestina.

Empezó a escribir en abril de 2023 porque quería documentar el sufrimiento de la población gazatí y mostrar al mundo que las personas asesinadas no eran solo números, sino seres humanos que tenían vidas, sueños y metas que les fueron arrebatados.

UNA MAÑANA DE ABRIL: UNA LECCIÓN DE HAMBRE Y ESPERANZA

Una mañana de abril, me desperté temprano y tomé una taza de té con una pizca de azúcar, mi único alimento para empezar el día. Me dirigí a la modesta tienda de campaña escolar en la que doy clases a mis alumnos y donde procuro ser su fuente de esperanza ante tanta tragedia.

Empecé la lección dirigiéndome a ellos con optimismo.

—Esta guerra terminará pronto. Los días oscuros pasarán y Dios hará realidad todos vuestros sueños —les dije.

Pero antes de que pudiera continuar, me interrumpió la vocecilla de Nur, de siete años.

—Cuando termine la guerra, ¿habrá otra vez comida? ¿Volveremos a desayunar como antes? —preguntó, con sus inocentes ojos surcando el cielo.

Las palabras de la niña me llegaron al corazón con tal fuerza que casi lo elevaron al cielo.

El pequeño Ahmed, también de siete años, se adelantó a mi respuesta, seguro y sereno.

—Claro que habrá comida. El hambre se acabará porque nunca tuvimos hambre antes de esta guerra —respondió con confianza.

Nur miró al suelo.

—Ojalá… hace mucho tiempo que solo como una vez al día. Hoy ni he desayunado —susurró.

De repente, la tienda se convirtió en un bosque de manitas alzadas.

—Yo tampoco he desayunado —repetían uno detrás de otro.

Para aliviar su penas, les convencí de que saltarse el desayuno era lo normal.

—Mis amores, yo tampoco he desayunado. La verdad es que no me gusta comer nada por la mañana porque me siento más ligera cuando empiezo el día sin probar bocado —les dije con una apacible sonrisa.

Hacía todo lo posible por darles fuerzas, por ayudarlos a adaptarse a esta cruel realidad sin renunciar a su educación, su infancia o su misma vida.

—No os preocupéis, que la frontera se volverá a abrir y regresarán las delicias que tanto nos gustan. Ahora vamos con la clase —añadí con tono esperanzador.

Ese día estábamos con las sumas y las restas, así que le pedí a un alumno que me pusiera un ejemplo.

—Ahmad tiene cinco manzanas y le da una a su hermana Nur y otras dos a su otra hermana, Jolud. ¿Cuántas manzanas le quedan? —enunció el pequeño.

Asentí con la cabeza por su buena aportación, pero Nur saltó antes de que yo pudiera decir nada.

—Ojalá fuera la hermana de Ahmad para que me diera una manzana —dijo sin alzar la voz.

Las risas estallaron por toda la clase.

—¡Creo que a todos nos gustaría ser hermanos de Ahmad para que nos diese manzanas! —dije uniéndome a ella.

Una vez terminada la clase, puse algo de música para levantarles el ánimo mientras salían de la tienda. Por encima de la música, pude oír la voz dulce de Lama, una de mis estudiantes.

—Señorita Ohood, ¿puedo quedarme otra horita en clase?

—¿Por qué, corazón? —pregunté, sorprendida, mientras apagaba la música.

—Queda una hora para que mi hermano mayor vuelva con comida de una cocina comunitaria y me gustaría quedarme aquí hasta que regrese —respondió.

Antes de que pudiera contestar, el resto de los alumnos se sumó a la petición de que la clase continuara. Todos estaban esperando la comida de la cocina comunitaria, que era su única posibilidad de probar bocado ese día.

—¡Por supuesto! Como queráis. Dejadme que traiga unos juegos para divertirnos juntos —dije, disimulando mi tristeza.

Al instante, se les iluminó el rostro, y la pena mudó en sonrisas y alegría.

Noté que uno de los niños me miraba fijamente mientras explicaba las reglas del juego. Me di cuenta de que algo le rondaba la cabeza y me acerqué para preguntarle.

—Cielo, ¿qué te pasa? ¿Por qué me miras así?

Parecía tímido, así que me arrodillé a su lado y lo abracé.

—Puedes decirme lo que sea —le dije.

Al principio se resistió, pero luego preguntó:

—Señorita, ¿tú también comes en las cocinas comunitarias o tienes suficiente comida en casa?

Me puse nerviosa. ¿Qué debía hacer? ¿Contarle la verdad y hacerle sentir mal o mentirle?

Reuní fuerzas y respondí.

—Yo no tengo un hermano tan valiente como tú que vaya a una cocina comunitaria a por comida. Si lo tuviera, ¡le pediría que fuera a las de toda la ciudad!

—Todo el mundo me dice que soy un héroe —dijo con orgullo mientras sonreía.

Al poco rato, llegó a nuestro campamento una organización caritativa local, por lo que mis alumnos salieron escopetados a recoger sus cosas. Querían irse lo antes posible para conseguir comida para sus familias.

Al terminar la clase, regresé exhausta a casa. Me encontré a mi hermana sentada con la cabeza entre las manos, absorta en sus pensamientos.

—¿Qué pasa? —pregunté.

—Una de tus estudiantes vino después de que te fueras esta mañana a pedir un trozo de pan porque quería tener algo que llevarse a la boca antes de empezar la clase. No tenían nada para comer en su casa —me respondió, con voz compungida.

Me quedé desolada, en silencio.

Sus sueños ya son otros. Han pasado de querer aprender a simplemente conseguir algo de comida.

En ese momento, se me rompió el corazón.

Ojalá pudiera cambiar este mundo tan cruel e injusto. Un mundo que observa el sufrimiento en silencio.

Un mundo demasiado débil e indiferente para detener esta injusticia.

LA HISTORIA DE UM IBRAHIM

Um Ibrahim, de cincuenta y cinco años, es de Jabalia, en el norte de Gaza, donde tuvo una vez una vida tranquila junto a su marido, Abu Ibrahim, de sesenta años, y sus tres amados hijos.

—Solía tener una vida feliz y tranquila con mi marido y mis hijos —recuerda—. Nos reuníamos en familia siempre que teníamos ocasión, y nuestras risas resonaban por toda la casa. Eran risas de verdad, de las que salen del corazón.

Para la familia, el viernes era el día más especial de la semana.

—Mi marido y mis hijos acudían al rezo del viernes mientras yo me quedaba en casa y preparaba una comida deliciosa —cuenta.

Su plato favorito era la *maqluba*, una receta palestina tradicional a base de arroz, pollo, patatas y berenjena.

Pero la mañana del 7 de octubre de 2023, su mundo se hizo añicos. La familia se despertó con el ruido ensordecedor de los aviones de guerra y las explosiones.

—Lloré y supliqué a mi marido y mis hijos que no se fueran. Tenía un miedo atroz a que les pasara algo —dice. Pero ellos, con un cálido abrazo, le aseguraron que estarían a salvo.

—Su abrazo me reconfortó. Sentí que todo iría bien, que éramos una familia unida.

En enero de 2024, el norte de Gaza se enfrentó a una gran hambruna. Ya no había comida. No quedaba nada de harina, y la familia sufrió para sobrevivir.

El 29 de febrero de 2024, su hijo mayor, Ibrahim, de treinta y tres años, decidió ir en busca de comida a un punto de lanzamiento aéreo de ayuda sobre la calle Al Bahr, en el área de Nabulsi. Pero los aviones israelíes atacaron a las personas que estaban allí esperando.

—Al enterarme del bombardeo en el lugar al que llegaría la ayuda, me vine abajo. Presentí ya entonces que mi hijo había sido alcanzado —lamenta Um Ibrahim.

Una hora más tarde, unos vecinos confirmaron sus peores temores: su hijo Ibrahim había sido asesinado.

Tras su muerte, su segundo hijo, Ahmad, de veintidós años, decidió refugiarse en el sur de Gaza junto a su mujer y sus tres hijos.

—Cuando me contó sus intenciones, lo apoyé. Le dije «ve, hijo mío. No quiero perderte de la misma forma que a Ibrahim».

A principios de abril de 2024, a medida que su barrio sufría cada vez más ataques, la familia se vio forzada a dejar su casa. Buscaron protección en una escuela de la UNRWA en Jabalia, un lugar que se había convertido en refugio para los desplazados.

—No fue fácil dejar nuestro querido y cálido hogar por una escuela convertida en refugio —confiesa Um Ibrahim.

Los ataques se intensificaron en mayo. Los drones israelíes, especialmente los cuadricópteros, empezaron a atacar a quien intentara huir. La familia pasó cuatro días sin agua ni comida. Su marido, Abu Ibrahim, decidió salir en busca de sustento para los suyos.

—Cuando me dijo que se iba, me puse a llorar desconsoladamente. Tenía el presentimiento de que algo malo le ocurriría —recuerda.

A los diez minutos de irse, un dron abrió fuego sobre el patio de la escuela. Um Ibrahim gritó, desesperada por localizar a su marido. Cuando cesaron los disparos, su hijo mediano, Ahmad, salió corriendo del recinto y se encontró con que habían matado a su padre.

—Cuando Ahmad me contó lo que había pasado, grité de pura agonía —cuenta. Abu Ibrahim fue enterrado en una de las dependencias de la escuela que habían convertido en cementerio improvisado.

Dos días más tarde, las fuerzas israelíes avanzaron hacia la escuela, y la familia se vio forzada a huir de nuevo, dejando atrás la tumba de Abu Ibrahim.

—Dejar atrás el cuerpo de mi marido me partió el alma. Me aterraba la idea de no volver a tenerlo cerca —dice Um Ibrahim.

En enero de 2025, durante la tregua temporal, la familia regresó a Jabalia a buscar el cuerpo de Abu Ibrahim, pero la escuela había sido bombardeada y reducida a escombros. Su tumba se había perdido para siempre.

También descubrieron que su casa estaba en ruinas. Sin otra opción, Um Ibrahim y sus hijos

Ahmad y Yaser levantaron una tienda en la que vivir.

Um Ibrahim intentó rehacerse, pero la pérdida la atormentaba.

El 18 de marzo de 2025, se despertaron de nuevo con el estruendo de las bombas. Um Ibrahim temblaba de miedo, aterrada de perder a más miembros de su familia.

Un mes después, a mediados de abril, un bombardeo alcanzó una vivienda cerca de donde Ahmad se encontraba en Sujaya, y murió en el acto.

—Perder a Ahmad fue como volver a perder a Ibrahim y a mi marido —dice. Se aferró entonces a Yaser, el único hijo que le quedaba.

Um Ibrahim no dejaba de insistirle a Yaser que tuviera cuidado porque no podría soportar perderlo también.

En junio de 2025, la comida se agotó en toda la Franja de Gaza. Um Ibrahim, su hijo Yaser, la viuda y los hijos de Ahmad tenían mucha hambre.

Mi nieta lloraba de hambre sin parar [illegible] recuerda entre lamentos.

A principios de julio, Yaser decidió ir a uno de los puntos de distribución de ayuda estadounidense en el área de Shaqoush, en Rafah, en el sur de la Franja.

—Lloré mucho cuando se fue. Recordaba la pérdida de mi marido y mis hijos —dice.

Cuatro horas después, recibió la noticia. Yaser, el último hijo que le quedaba con vida, había sido asesinado mientras buscaba alimentos.

—Al enterarme de que ya no estaba, fue como si hubiera perdido el alma entera: mi marido, todos mis hijos, todo — murmura.

Y así concluye la historia de Um Ibrahim, una madre cuya vida antes rebosaba alegría, afecto y risas, y ahora está marcada por un sacrificio y un sufrimiento intolerables. La historia de una mujer que lo perdió todo, aunque su voz resuena aún con fuerza para recordar al mundo el dolor silenciado de Gaza.

EL DESPLAZAMIENTO INFINITO

Estaba sentada entre las ruinas de mi casa en Jabalia, en el norte de Gaza. Habíamos logrado reparar una pequeña parte. Con los auriculares puestos, trataba de concentrarme en las clases de la universidad que tenía grabadas. Todo parecía relativamente en calma, dentro de lo posible. Tomaba apuntes en mi libreta a partir de la versión en PDF del libro de texto que tenía en el teléfono. No tenía copia impresa. Los servicios de impresión habían desaparecido por completo en el norte de Gaza. Las pocas librerías que quedaban estaban lejos, en la parte occidental de la Franja, a más de dos kilómetros. El transporte era prácticamente imposible por la grave escasez de combustible. El precio del gasóleo se disparó, reduciendo drásticamente el número de vehículos disponibles. Y aun cuando había transporte, resultaba prohibitivo. Por esa razón, tomar notas de un libro digital era la única opción que me quedaba.

Mientras escuchaba la clase, un alarido desgarrador atravesó la escena, tan penetrante que tuve la sensación de haberme quedado sorda. Mi corazón se estremeció de miedo.

—¡Eso significa que van a lanzar un cinturón de fuego! — aulló de pánico mi prima Dua, de treinta y tres años, que agarró de inmediato a sus tres hijos, abrazándolos con fuerza.

El concepto «cinturón de fuego» me paralizó de miedo. Quise incorporarme y preguntar a mi prima qué había pasado, pero las piernas no me respondían. El terror se apoderó de mi cuerpo. Justo entonces apareció mi hermano mayor, Udai, corriendo y sin aliento. Había venido a toda prisa hasta nosotras para advertirnos de que habían ordenado evacuar la casa vecina.

Rompí a llorar y me pregunté «¿Cuándo acabará este sufrimiento? Si la muerte es el único descanso, que nos libere entonces de esta vida cruel». De una vida despojada de todo significado, sin consuelo ni refugio.

Habíamos intentado reconstruir y devolver algo de abrigo a nuestra casa, recuperar los recuerdos que nos habían robado, pero en aquel instante comprendí que, mientras dure esta guerra, estaremos condenados a desplazarnos, a vagar de un sitio a otro.

Me puse la abaya negra y el hiyab, mis fieles compañeros en cada desplazamiento y testigos silenciosos de mi dolor. Cogí el móvil y dejé atrás todo lo demás: la ropa, el carné de identidad, los títulos, los libros, absolutamente todo. Escapé con mis hermanas pequeñas, huyendo de la muerte.

A los veinte metros, encontré a mi madre esperando. Había ido a visitar a una vecina que vivía en una tienda cercana. Las noticias del inminente ataque interrumpieron la visita.

—Nos hemos dejado toda la comida y el agua, hasta la harina —dije en cuanto la vi.

Nos quedaban quince kilos de harina de un saco que guardábamos desde la tregua de enero. Habíamos usado diez kilos y conservado el resto como reserva de emergencia, ante el temor a otra hambruna. Nunca pensamos que tendríamos que salir huyendo y dejarlo atrás.

—No te preocupes, volveremos a casa y nos quedaremos ahí tranquilamente —dijo mi madre con su voz serena y apacible.

Llegamos a casa de mi tío, que estaba a cuatrocientos metros. En la puerta, le dije a mi madre:

—Este lugar está demasiado cerca del peligro. ¿Y si nos ocurre algo?

—Sí, es cierto. La metralla podría alcanzarnos —me respondió.

Después de pensarlo un poco y de un breve intercambio de palabras, dijo:

—Agarraos de la mano, que vamos a casa de vuestra hermana.

Su voz era una mezcla de coraje y pánico. Estaba decidida a protegernos, aunque era consciente del peligro inminente.

—No os preocupéis, llegaremos bien, solo hay que andar rápido —dije tratando de tranquilizar a mi madre y a mis hermanas.

Llegamos a casa de mi hermana. Su cara era un poema de desconcierto e incredulidad. Parecía querer preguntarnos si estábamos bien, pero nuestras caras, consumidas por el miedo y el cansancio, lo decían todo.

Me lavé la cara y las manos, cubiertas de polvo, y le dije con voz temblorosa por la inseguridad y el pánico:

—Nos dieron diez minutos para huir. Iban a atacar la casa pegada a la nuestra.

Una pregunta me atormentaba: ¿y si el peligro llega también a casa de mi hermana?

—Esta es vuestra casa. No os preocupéis. Esto terminará y volveremos a casa todos juntos —respondió con la misma voz serena, cálida y llena de calma de nuestra madre.

Momentos después, la casa vecina a la de mi hermana recibió la misma y terrible advertencia. Agarré la mano de mi hermana, que sostenía a su hija de un año, Nur. Cuando empezó la guerra, Nur aún estaba en el vientre, y su madre en el tercer mes de embarazo. Bombardearon la casa de mi hermana antes de nacer Nur. No vivió un solo día bajo la seguridad de esas paredes. La única vez que sintió cierta seguridad fue durante la frágil tregua de sesenta días.

El marido de mi hermana, que había venido corriendo en cuanto se enteró de la evacuación, apareció en la puerta y se llevó a su familia.

—¿Adónde iréis? —le preguntó mi padre.

—No lo sé. Recorreremos las calles hasta dar con un lugar seguro —respondió.

Dejamos la casa siendo plenamente conscientes de que el peligro estaba en todas partes.

Mi hermana y su familia decidieron volver al lugar en el que se habían refugiado previamente y dejar de huir.

Caminamos por las calles sin rumbo, sin saber qué hacer. Mi hermano llamó y nos dijo que se había reunido mucha gente en el exterior del hospital Al Awda en Tel Al Zaatar. Nos dirigimos hacia allí.

Encontramos a nuestros vecinos sentados en el suelo, con la angustia y la impotencia grabados en el rostro. Se cruzaban miradas perdidas, desconocedores de su destino. Vi a una vecina que había dado a luz hacía solo tres días. Abrazaba a su recién nacido mientras la consumía el miedo.

—¿Cuándo volveremos a casa, Ohood? —me preguntó.

—Volveremos, Dios lo quiera. Y os visitaré a ti y a tu bebé. Estaréis bien los dos, no te preocupes —respondí, posando la mano cuidadosamente sobre la cabeza del bebé y suavizando la voz para tranquilizarla.

—Rezo con todo mi corazón para que lo que dices sea cierto —respondió.

Volví con mi familia, que estaba sentada en el suelo. Mi padre, con la cabeza entre las manos, se preguntaba:

—¿Dónde dormiremos esta noche?

—No te preocupes. Haremos como todos los demás. Nadie tiene otro lugar en el que escapar de la muerte —le dije.

Minutos más tarde, escuchamos el estruendo de un ataque. La casa pegada a la de mi hermana había sido bombardeada. La metralla rasgaba el aire, lloviendo sobre nosotros y el resto de las familias desplazadas.

—¿Hay alguien herido? —preguntó mi padre, con su voz dulce, temblando de miedo.

—Estamos todos bien, alabado sea Dios —respondimos todos.

—Mi hermana y su familia siguen allí. Tengo que llamarla —dije. Traté de llamarla una y otra vez, pero no había cobertura.

El miedo se adueñó de mis pensamientos. No podía pensar con claridad.

Mi padre, terriblemente preocupado, trató de consolarnos:

—Tranquilos, estarán bien —siempre trataba de darnos fuerzas, incluso cuando estaba asustado.

Tras quince minutos de agonía, pudimos contactar con mi hermana. Estaba bien.

Escuchábamos de fondo el llanto de la pequeña Nur.

—¿Qué le pasa? —pregunté.

—Estaba profundamente dormida, pero la explosión la despertó aterrada —respondió—. Está bien, no te preocupes.

Decidimos ir a casa de mi tía en Beit Lahia. Era plena noche, y el miedo nos seguía en cada paso. Cuando llamamos, mi tía abrió la puerta, visiblemente alterada.

—Traté de llamaros, pero no pude conseguirlo —dijo—. Perdí la cabeza en cuanto me enteré del bombardeo cerca de vuestra casa.

Mis hermanas y yo nos unimos a mis primos en una habitación cuyas paredes ahora eran simples lonas.

Esa noche, después de más de seis horas de huida, terror y agotamiento, por fin pudimos dormir profundamente.

YARA ABED

Yara Abdelqader Elottol, de veintidós años, es estudiante de Medicina. Su vida ha estado profundamente marcada por el conflicto y la resiliencia. Originaria del barrio de Al Rimal, se vio obligada a desplazarse a Sheij Radwan después de que la casa de su familia fuera destruida. A pesar de las dificultades de la guerra, entre ellas la pérdida de su padre y unas condiciones de asedio y hambruna extremas, Yara se ha dedicado a servir a su comunidad participando como voluntaria en la clínica de su barrio y el hospital Bautista Al Ahli, compaginando sus estudios con el trabajo en el servicio de urgencias.

Eligió estudiar medicina porque creía que la sociedad palestina necesitaba mentes jóvenes y creativas que pensaran de manera diferente ante la dura realidad que viven. Siempre ha querido encontrar los mejores tratamientos e intentar descubrir la cura de enfermedades que aún no tienen solución. Yara confía en que se preserve el testimonio del genocidio para evitar que el silencio permita que la tragedia se repita. El mundo debe escuchar las voces de quienes han sido bombardeados en sus hogares, de quienes han desenterrado a sus familiares de entre los escombros y de aquellos en Gaza que han intentado mantenerlos con vida. Sus relatos no solo son dolor, son verdad, resistencia e historia.

CÓMO UN GENOCIDIO HACE DE UNA ESTUDIANTE UN MÉDICO

Me llamo Yara Abdelqader Elottol y tengo veintidós años. Antes vivía en mi casa del barrio de Al Rimal, pero tuve que desplazarme a Sheij Radwan después de que mi hogar fuera destruido. Durante la guerra he trabajado como voluntaria en la clínica Sheij Radwan, en el hospital Bautista Al Ahli y en el servicio de urgencias de Sheij Radwan.

El 7 de octubre estaba en casa, en la habitación espaciosa donde siempre lograba sentirme cómoda y segura. Ese día, tenía una prueba de patología, así que lo único que tenía en mente era terminar el temario antes del examen. Pero en cuestión de horas, mis preocupaciones mutaron por completo y pasé de memorizar temas y datos a intentar entender qué estaba pasando, qué era aquel estruendo de destrucción y bombas, y cuántas personas estarían muriendo y resultando heridas. Fue una transformación total, casi surrealista. En apenas unas horas, pasé de una simple estudiante de medicina que se preparaba para una prueba a convertirme en una persona más en medio de una comunidad aterrada y comida por el ansia mientras esperaba el siguiente acontecimiento.

Como cada mañana, mi familia se estaba preparando, ya fuera para ir al trabajo o a la escuela, cuando, de repente, oímos el ruido de las explosiones. En un primer momento, nos costó comprender lo que ocurría, aunque el ruido nos resultó familiar porque el sonido de las bombas ha formado siempre parte de nuestras vidas por el hecho de haber nacido aquí. Éramos una familia de ocho personas, cada una con sus sueños y ambiciones, tratando de labrarse un futuro a pesar de la adversidad.

Abandonamos nuestra casa el 14 de noviembre de 2023 ante el intenso bombardeo dirigido contra nuestro barrio. Nos refugiamos en la casa de mi abuelo, aunque también estaba amenazada. No teníamos otro lugar al que ir.

Tras habernos desplazado, sobre las dos de la madrugada del 22 de diciembre nos despertó el estruendo de una explosión y el estallido de los cristales. La casa de enfrente había sido completamente destruida. A las cinco de la mañana, escuchamos el rugido de las excavadoras y en un primer momento pensamos que estaban acudiendo a rescatar a quienes habían quedado atrapados bajo los escombros, pero resultó que eran las tropas israelíes despejando el terreno para asediar la zona.

Permanecimos toda una semana atrapados en esas condiciones. Oíamos constantemente el sonido de los cañonazos y los disparos, mientras los soldados gritaban y ejecutaban a los residentes. Llegamos a presenciar la ejecución de los vecinos que vivían en la casa justo enfrente de nuestra ventana. Estábamos convencidos de que seríamos los siguientes. Sin embargo, por algún milagro, sobrevivimos. El séptimo día, los tiroteos fueron más largos de lo habitual. Después del repliegue de las tropas, oímos cómo las excavadoras se retiraban tras ellas y creímos que por fin estábamos a salvo. De repente, sin que mediara advertencia alguna, las ventanas y fragmentos de las paredes estallaron sobre nosotros. Estábamos siendo sacudidos por un «anillo de fuego» que se cerraba justo en nuestra casa. Varios de nosotros resultamos heridos.

A pesar de que las tropas seguían cerca, unos vecinos acudieron a nuestro rescate y nos llevaron a su casa. Permanecimos con ellos durante tres días, hasta que los soldados se retiraron del todo. Luego volvimos al lugar donde nos alojábamos, que estaba bastante deteriorado, y tratamos de cubrirlo con plásticos para poder cobijarnos porque no teníamos otra opción. Esa misma noche, nos despertaron los gritos de mi abuela, porque mi tía, que había recibido el impacto de un trozo de metralla en la cabeza durante el anillo de fuego, no se despertaba. Al no haber podido ir al hospital, no nos dimos cuenta de lo grave que estaba. Hicimos todo lo posible para reanimarla. Cuando por fin conseguimos un médico, solo pudo certificar su muerte, y sufrí uno de los momentos más duros de mi vida.

Ese mismo día, parte de la familia regresamos a nuestra casa en Al Rimal, esperando que siguiera en pie. Por desgracia, no encontramos nada más que ruinas. Recuerdo que mi padre fue dos días después para verlo con sus propios ojos. Se quedó allí plantado durante horas, llorando desconsoladamente mientras observaba el lugar que había levantado con sus propias manos y que ahora no era más que una pila de escombros.

A partir de entonces, comenzó un deambular de hambre y sufrimiento. Comíamos cualquier cosa que encontrábamos: pienso para animales o cebada y maíz en lugar de harina. Nuestros organismos no toleraban esos alimentos, pero no teníamos otra opción; simplemente, no había alternativa. Permanecimos durante mucho tiempo en ese estado, que se convirtió en uno de los peores periodos de nuestra vida, si no el peor. El cerco terminó a finales de 2023, y yo empecé formalmente mi voluntariado en la clínica el 5 de marzo de 2024. La situación era catastrófica. Había muchísimos pacientes para solo dos médicos, uno para adultos y un pediatra. En mi primer día en la clínica, llevé con discreción la bata y me senté detrás del médico para adultos limitándome a escuchar. Tomaba notas en mi cuaderno mientras observaba todo lo que hacía. Quería aprender. Durante mi primer mes en la clínica, lo único que hice fue adquirir conocimientos del médico. Pero después, me quedé en el centro ejerciendo como médico de forma autónoma. También hacía turnos en el quirófano en el hospital Bautista Al Ahli. Cuando se abrió el servicio de urgencias a principios de julio, me trasladé allí y empecé a trabajar media semana en urgencias y la otra media en el quirófano.

Lo irónico del caso es que mi madre, que trabaja como especialista de laboratorio en esa misma clínica, había hablado previamente con el médico para decirle que quería hacer las prácticas con él.

Pero este había tenido dudas porque yo todavía estaba en el segundo año de Medicina. Pensó que no iba a ser capaz de mantener el ritmo y que me limitaría a pasar el rato. Sin embargo, cuando me vio tomando nota de cada palabra que decía, observando atentamente y haciendo preguntas, me confesó que estaba realmente sorprendido. No esperaba semejante nivel de atención y determinación.

El 24 de abril de 2024, el médico no pudo acudir a la clínica por circunstancias personales, lo que para mí supuso un punto de inflexión. Me tocó dar un paso al frente y ocupar su puesto, asumiendo toda la responsabilidad como médico de todo el que acudiera al centro. No titubeé ni por un momento a la hora de desempeñar el puesto, ya que lo vi como una gran oportunidad para demostrar mi valía y, de hecho, resolví todos los casos como si él hubiese estado allí. A partir de ese momento, dejé de ser una simple estudiante de medicina para convertirme en el médico que mi comunidad necesitaba.

Apenas dos semanas después, el médico especializado en patologías crónicas de la clínica fue asesinado en un bombardeo mientras se dirigía a un cibercafé para hablar con unos familiares que vivían en el extranjero. Ese día, el dolor invadió la clínica, afectando al personal y a sus pacientes. Yo me encargué de los pacientes crónicos, prescribía la medicación y hacía el seguimiento.

La mayoría de los casos que nos encontrábamos estaban relacionados con la malnutrición, ya que estábamos en plena fase de hambruna. Muchos pacientes se quejaban de mareos constantes y de una pérdida total de equilibrio. Solíamos prescribir vitaminas esenciales, aunque siempre matizando que esos suplementos no eran en absoluto sustitutivos de una alimentación adecuada y de los beneficios naturales de la comida real.

También lidiábamos con abundantes patologías dermatológicas, causadas principalmente por los desplazamientos, el acceso limitado a agua y productos de higiene, y el hacinamiento de las viviendas, donde mucha gente compartía espacios reducidos y mal ventilados para dormir. Estos factores contribuían significativamente a la propagación de infecciones cutáneas.

Durante ese periodo, mi padre había intentado que entrara en el servicio de cirugía del hospital Bautista Al Ahli. Me ayudó a entrar para que aprendiera gracias a su relación con el director en funciones. De hecho, ese médico había sido mi profesor de Anatomía en la universidad y me conocía, por lo que le agradó la idea y finalmente pude incorporarme. Así empezó mi recorrido como voluntaria en los quirófanos. Entré desde el primer día en la unidad de cirugía plástica. Me seducía muchísimo la idea de ayudar a la gente a recuperar, aunque fuese una mínima fracción, la belleza que las heridas les había arrebatado. Pasábamos muchas horas en el quirófano. El equipo médico estaba agotado y trabajaba con recursos muy limitados, pero, a pesar de ello, todo el mundo estaba dispuesto a atender a los pacientes con lo que tuviera a mano.

El 14 de abril fue mi primer día en el quirófano. También fue mi primer día en el hospital, donde muchas familias se habían refugiado en busca de seguridad ante la persistencia de la violencia y los bombardeos. Los recibidores, salas de espera y hasta los huecos de las escaleras se convirtieron en refugios temporales. No había solo pacientes, sino también desplazados, niños y ancianos sin otra alternativa para refugiarse que el hospital, que dejó de ser un mero centro médico para convertirse en un santuario donde la esperanza y la curación convivían a diario con el peligro. Por desgracia, no era un lugar seguro, ya que la primera gran masacre de la guerra tuvo lugar en el patio del hospital Bautista Al Ahli.

Como decía, acababa de empezar como voluntaria en la unidad de cirugía plástica. Desde ese momento, no hubo un solo día en el que no pisara el quirófano. Realmente era donde quería estar porque lo consideraba una responsabilidad. Muchos días me quedaba hasta tarde, pasando de una operación a otra, pero las plegarias de los pacientes hacían que todo ese esfuerzo valiera la pena.

Los casos que tratábamos en el servicio de cirugía plástica eran en su mayoría miembros amputados, heridas y cicatrices. También tapábamos huesos y músculos que habían quedado al aire. La mayoría de los casos requerían de un cierre directo de la herida, injertos de piel o colgajos. La situación era complicada por la escasez de personal y suministros sanitarios, así como por el agotamiento del equipo médico.

Después, empecé a partir la semana entre los turnos que pasaba en el quirófano y los de la clínica. Seguía ayudando en cirugía plástica mientras atendía a los pacientes de la clínica. Nadie me obligaba a estar ahí ni me imponía turnos específicos, pero lo entendía como una responsabilidad que debía afrontar.

En junio de 2024, decidí dejar lo que hacía en la clínica porque empecé a sentir que mi labor se volvía rutinaria y necesitaba seguir formándome. Me trasladé al servicio de urgencias y admisiones que se acababa de abrir en la propia clínica, ya que por entonces los hospitales estaban sitiados y era necesario habilitar este servicio. En aquel momento, solo había un médico, así que me convertí en médico del servicio. Siempre había estado en alerta, preparada para atender a los heridos y aliviar su sufrimiento. Incluso cuando tenía exámenes en la universidad, seguía cumpliendo mis turnos y luego iba a un cibercafé a hacer los exámenes telemáticamente.

Después, regresaba para continuar con mis funciones. Quería estar allí y ser útil, por eso no dudaba ni por un momento a la hora de ayudar a quien me necesitara.

Tras mi incorporación, empecé a llevar casos yo sola, ya que la mayoría de ellos eran sencillos y muy parecidos a los que había atendido en la clínica. Cuando me enfrentaba a un caso más complicado, acudía al médico para preguntarle por cualquier detalle en mi esfuerzo por entender cada situación lo mejor posible. En casa, solía repasar el caso e investigar hasta que lo entendía del todo. Con dedicar un tiempo a estudiar cada caso, era suficiente para comprenderlo.

Cuando empecé mis labores de voluntariado, acababa de terminar mi segundo año de carrera, pero ahora, voy ya camino de completar el cuarto.

El 16 de julio de 2024, estaba de servicio en el quirófano del hospital Al Ahli cuando escuché a varios compañeros decir que ya habíamos cobrado. Llamé rápidamente a mi padre para contárselo.

—Yo no puedo ir a recogerlo, que vaya tu madre —me respondió.

No habían pasado quince minutos cuando me llamó mi madre presa del pánico.

—Tu padre se ha desplomado en la calle y no responde. Lo están llevando a urgencias a tu clínica.

Corrí a buscar a un médico de la UCI y bajé las escaleras a toda prisa. En cuanto llegué, me dijeron:

—Que Dios se apiade de él.

En ese momento sentí que lo había perdido todo en la vida.

Empecé a llorar desconsoladamente mientras les suplicaba que lo reanimaran. Pero, por desgracia, no había nada que pudieran hacer. Pensé que no volvería nunca al hospital en el que había muerto mi padre, pero recordé la promesa que me hice a mí misma de atender a los pacientes y ayudar a los demás. También recordé que mi padre siempre había esperado que la cumpliera. Por lo tanto, decidí volver lo antes posible. Él murió un martes, y el domingo, ya estaba de vuelta en el quirófano.

Siempre quiso verme cosiendo con habilidad las heridas de los pacientes. La noche antes de irse, por casualidad, le había enseñado mi primera sutura. Se mostró orgulloso y me deseó mucho éxito. Cumpliendo su voluntad, hoy en día soy la encargada de coser los puntos de sutura en el servicio y el equipo siempre me pregunta en los casos complicados.

Mi padre era el doctor Abedel Qader Elottol. En marzo de 2023, siete meses antes de la guerra, obtuvo su doctorado en Microbiología.

Volví a la universidad en septiembre de 2024, lo que supuso un verdadero desafío. Trabajaba durante el día en el hospital y a veces, al llegar a casa, estudiaba hasta casi el amanecer. La presión psicológica era enorme, pero el apoyo de mi madre fue fundamental. Siempre me recordaba que cada hora de estudio y cada paciente al que atendía eran un paso hacia mi sueño de un futuro mejor.

Sueño con ser cirujana y con ayudar a todo el mundo que lo necesite con el menor coste posible y los métodos más eficaces. Actualmente, sigo haciendo turnos en el servicio de urgencias y yendo a clase para completar mis estudios universitarios. A pesar de las dificultades en el transporte, los precios y la escasa alimentación, trato de centrarme en el estudio de diversos temas médicos. Por desgracia, mis intentos no siempre dan resultado porque siento la necesidad de tomar azúcar o cafeína para mantenerme activa, pero debido a su elevado precio y a que no están disponibles en el mercado, me resulta imposible obtenerlas.

HAMED ASHOUR

Hamed Ashour tiene treinta y un años y es de Gaza, donde aún vive con su familia. La vida allí es extremadamente difícil, pero la escritura siempre ha sido para él una forma de resistencia. Escribe para mantener viva la memoria, para documentar la fragilidad y la belleza de la vida en condiciones imposibles y para dar voz a quienes han sido silenciados. Para él, escribir no es solo un acto creativo, sino también una forma de supervivencia, de transmitir un testimonio y aferrarse a la humanidad compartida.

LA HISTORIA DE BIA

Nunca llegué a saber su nombre ni dónde vivía, pero fue mi compañero en el exilio, mi socio en este horror sin fin.

Hace diez meses, llegué desplazado a Jan Yunís.

Fue entonces cuando Bia me detuvo, con aquel pelo dejado crecer desde que Adán dio los primeros pasos sobre la tierra y esa ropa holgada y remendada, suplicándome un cigarrillo. Solo me quedaba uno, el que se consumía entre mis dedos. Lo compartimos, calada a calada, en la entrada del hospital Nasser. Nos despedimos sin intercambiar nombres, sin soltar la carga que cada uno llevaba a cuestas.

Desde entonces, lo vi todos los días.

La misma ropa andrajosa, la misma presencia pausada en una cafetería a pie de calle. Lo saludaba a nuestra manera, llevándome dos dedos a los labios con una pregunta muda:

—¿Tienes uno?

A él se le iluminaba la cara, nos dábamos la mano y echábamos un cigarro juntos.

Bia era mudo, pero hacía más ruido que nadie.

Una vez decidí dejar de fumar. Se sentó a mi lado, mechero en mano. Suspiré, indicándole que no tenía dinero.

Sin decir palabra, deambuló por la cafetería dando la lata a los parroquianos por un cigarro, mientras yo observaba entre risas.

Lo mandaron a paseo a base de bufidos. En la guerra, un pitillo vale lo que un alma. Una hora más tarde, regresó triunfante, ondeando un cigarro que le había costado treinta dólares, mientras danzaba como un bailarín.

El mismo hombre que lo había mandado a paseo lo aupaba ahora sobre los hombros, mientras lo jaleaba. Nos partíamos de la risa.

En un mundo de mendigos y santos, Bia era el único rico de todos.

Se sentaba a mi lado y me encendía el cigarro mientras yo cruzaba las piernas con aire de rey.

Bia lleva varios días sin aparecer. Se acabaron el café, los cigarros y las risas.

Hoy he visto una foto en un grupo de Telegram, con un breve mensaje:

> Se ha encontrado un cuerpo no identificado cerca del puesto militar israelí de Zikim. Está actualmente en el hospital Al Shifa de Gaza.

Lo conozco. Es Bia.

El hombre sin nombre ni domicilio.

Tres letras: B-I-A. Su nombre, título y hogar. Todo lo que llegó a tener.

La única palabra que pronunció en su vida. Bia, Bia, Bia.

Adiós, amigo.

El dolor que dejas es muy difícil de soportar.

AHMED SBAIH

Ahmed Samih Sbaih tiene veintidós años y es del barrio gazatí de Al Daraj. Obtuvo su título en Literatura Inglesa durante la guerra, una época que moldeó tanto su perspectiva como su propósito. Ahmad es un apasionado de la lectura y la escritura, y sueña con publicar algún día sus propias novelas de ficción.

Pero en una ciudad donde los sueños a menudo se ven destrozados por el conflicto, Ahmad cambió el rumbo. Se dedicó al periodismo, dejando de lado sus ambiciones, para dar a conocer la lucha de su pueblo. Quiere que sus palabras se conviertan en una forma de dar voz a aquellos silenciados por la guerra y la Ocupación.

Durante la guerra, Ahmed fue voluntario en varios grupos de distribución de ayuda a las familias desplazadas. Su trabajo refleja un compromiso constante con su comunidad y la fe en el poder de las palabras para cambiar las cosas.

SONIDOS

La vida en Gaza es una realidad agotadora e implacable, a la que no he tenido más remedio que adaptarme en contra de mi voluntad.

Cada día se presenta como una nueva batalla en la que sortear las mortíferas detonaciones y cacofonías de Israel, que se han grabado en lo más profundo de mi conciencia.

Me he convertido en un experto a la hora de distinguir el sonido de estas explosiones de muerte, del rugir de los aviones, del implacable estruendo de los bombardeos israelíes.

Pero es el sonido de las máquinas más pequeñas, el zumbido de los cuadricópteros, lo que me eriza la piel. Ese espeluznante zumbido me persigue y me recuerda la facilidad con que perforan nuestras paredes, en un vuelo despreocupado que puede significar el fin.

He perdido la cuenta de las noches en las que me he arrepentido de no cerrar la ventana en cuanto se acercaban, con esa presencia asfixiante y aterradora.

Cada noche me enfrento a la misma decisión: cerrar las ventanas y ahogarme por el calor sofocante o dejar que entre una brisa leve a riesgo de mi propia vida. Me tumbo, empapado en sudor, debatiéndome entre un rato de comodidad y el temor a lo que podría costarme.

De todos esos ruidos, ninguno es tan angustioso como el *zanana,* el zumbido de un dron. Día y noche, sobrevuela mi cabeza para recordarme lo esquiva que es la paz y lo omnipresente que es el peligro.

El zumbido del dron no solo inunda el aire, sino que parece que estuviera posado a mi lado, en mi techo, penetrando en mi mente. A veces le susurro en mi cabeza:

¿No te cansas nunca?
Todo el día rondando,
saludándome desde el umbral
o cuando me tumbo en mi cama
alterando lo que queda de mi existencia,
convirtiendo mi calma en miedo acorralándome
con tu zumbido
incluso cuando conozco de sobra tu cacofonía, nunca
deja de rondar mis pensamientos,
tu sonido, en busca de su próxima presa o antes
de masacres y carnicerías.
Cuando te alejas,
puede que tu eco se esfume,
pero el horror que dejas en nosotros permanece
como una promesa tenebrosa de lo que está por venir.

Los bombardeos indiscriminados son otro recordatorio despiadado de la proximidad de mi muerte. Cuando caen las bombas, el mundo entero parece detenerse.

Los recuerdos y las caras se proyectan en mi mente como si me prepararan para el final. Cada impacto desgarra la tierra, convierte los barrios en cementerios, y los escombros señalan el lugar donde en algún momento floreció la vida.

El ruido es implacable. Con cada explosión que se acerca, sientes que llega tu turno.

Recuerdo una tarde al mes de empezar la guerra en la que yo estaba fuera, hablando con unos amigos, ansiando un momento de normalidad que me distrajera de las noches en vela.

Una explosión potente y prolongada resonó en toda la calle.

Nos tiramos instintivamente al suelo, pero el sonido estaba demasiado cerca, era demasiado real.

El pánico se apoderó de mí.

Tenía la mente aturdida por el terror y la falta de sueño y no pude pensar con claridad hasta que me sacudió un pensamiento que me impulsó a salir corriendo a casa.

Cuando llegué, a mi alrededor llovían bloques y escombros. Me desplomé aliviado al comprobar que las paredes todavía estaban en pie, mientras el rostro empapado en lágrimas de mi madre me observaba desde lo alto, compartiendo el mismo horror.

Nos enteramos más tarde de que fue un ataque contra el edificio Al Taj, a un kilómetro de distancia, que asesinó a quinientas personas.

Visité la zona más tarde. La calle estaba cubierta de sangre y escombros. Era más que una simple masacre.

Casi dos años viviendo así me han afinado el oído, condenándome a poder localizar los bombardeos solo por el sonido.

Ahora, mi familia confía en mí más que en las noticias y me pregunta dónde ha impactado la última explosión. ¿Ha sido en el barrio de Tufah? ¿En el de Daraj? ¿En el campamento de Jabalia?

Mi habilidad, que antes los tranquilizaba, solo ha conseguido convertir su miedo en rutina.

Hay momentos en los que me pregunto si es mejor que se hayan adaptado, que se hayan insensibilizado ante el horror.

¿Pero qué pasa con los que no se salvan? La explosión para ellos no es un simple ruido, es su final.

Cuando salgo a buscar conexión a Internet, mis ojos se dirigen a veces hacia una casa cualquiera destruida que todavía alberga bajo los escombros el nombre de sus habitantes. Contemplo esos nombres: cada uno tenía una vida como la mía.

Pero aquí estoy yo, a un paso de la muerte omnipresente.

Aquí estoy yo. En lugar de pensar en mi futuro o vivir con esperanza, me veo obligado a llevar esta existencia, una vida en la que los sueños son insignificantes, en la que el mundo observa nuestro sufrimiento como si no importara.

Aquí estoy yo, como un canto en medio del río, erosionado y desgastado por la corriente incesante de la destrucción, ignorado y abandonado a mi suerte.

Aquí estoy yo: un hombre marginado en el paisaje de este mundo.

Aquí estoy yo, olvidado.

Me levanto, me sacudo el polvo y avanzo.

Solo escucho, me adapto y sigo adelante, eso es todo, como si estos ecos fueran parte del ritmo distorsionado de mi día a día.

EL CAFÉ AL BAQA

Vivir en Gaza en circunstancias tan brutales e inhumanas hace que la gente anhele intensamente los placeres más elementales, intentando agarrarse a los pequeños resquicios de vida que la Franja todavía ofrece para no sumirse en un ciclo infinito de derrota y desesperación.

El enclave más emblemático que puede encontrarse en Gaza es su playa, donde la gente va a evadirse. La vista del mar azul y cristalino, el sonido apacible del romper de las olas, el horizonte en el que no se atisba otra cosa que el mar, estirándose hacia el infinito, es algo que transmite una pasajera sensación de libertad.

La mayoría va a los cafés que hay a orillas del mar para refugiarse de las terribles condiciones que tienen que soportar. Encuentran consuelo en las vistas, en vez de en las tiendas de campaña que hay en la calle, en los edificios reducidos a escombros o en las casas atestadas.

El Café Al Baqa era uno de los pocos lugares que todavía ofrecían una frágil ilusión de normalidad. Una atípica conexión estable a Internet y sus maravillosas vistas al mar daban a la gente un motivo para salir de sus casas o tiendas y sentir, aunque fuera por un instante, que formaban parte de algo normal.

Los amigos se juntaban en torno a mesas pequeñas, bebían café y té mientras reían a carcajadas y se entregaban a algo parecido al disfrute. Los padres traían a sus hijos y les dejaban correr descalzos por la arena cercana. Sus risas se fundían con el rumor de las olas, dejando constancia de que, incluso aquí, la infancia todavía existe. Las parejas jóvenes se sentaban muy juntas y hablaban en voz baja de cualquier cosa menos de la guerra, fingiendo que vivían tiempos corrientes en un lugar corriente. En esos momentos robados, el Al Baqa ofrecía mucho más que algo para tomar, brindaba un destello de la vida que todos habían conocido y a la que anhelaban regresar.

Pero esa expectativa de vida se hizo trizas cuando cerca de cuarenta personas fueron asesinadas por un bombardeo de la aviación israelí contra el café. Lo que ocurrió allí no solo significó la pérdida de un lugar, sino el final de un refugio momentáneo, del recuerdo de todo cuanto daba sentido a la vida.

Cuarenta vidas, una cifra con caras, nombres e historias con significado propio. En medio del desorden de la pérdida, es fácil olvidar que cada una de esas personas tenía una vida que procuraba vivir, incluso en plena guerra.

La pequeña Widad al-Tattari, de un año, fue una de las víctimas del Café Al Baqa. Llegó a un mundo marcado ya por el dolor. Su padre había sido asesinado solo dos días antes que ella naciese, dejando en su vida un silencio que nunca alcanzaría a entender. Nació en pleno luto, con su madre sosteniendo en los mismos brazos a su bebé recién nacida y un corazón recién destrozado. La corta vida de Widad estuvo rodeada del zumbido de los drones en lugar del arrullo de las nanas. Era demasiado pequeña para hablar, y su existencia ya contenía una historia de pérdida.

Naseim Abu Sabha se había prometido en febrero con la mujer de sus sueños. Lo único que quería era pasar una noche tranquila con ella, lejos del ruido de los drones y de la destrucción. Pero las calles que en su día se prestaban a paseos románticos, estaban ahora saturadas de ruinas y tiendas de campaña. Hasta el amor tiene que buscar la forma de abrirse paso entre los escombros. Por esa razón, Naseim le prometió a su futura mujer una mesa en un café junto al mar, donde el sonido de las olas permitiera olvidar la guerra, y el aire fresco les trajera la esencia de la libertad en vez de humo y olor a alcantarilla. Querían reír, charlar, sentirse de verdad como dos prometidos, pero el escenario que escogieron para las risas acabo siendo el final de su historia. Naseim fue uno de los cuarenta asesinados en el ataque contra el Café Al Baqa, que silenció un amor soñado antes de hacerse realidad.

Malak Musleh era la joven campeona femenina de boxeo de Gaza, una chica que desafió las expectativas con cada puñetazo. Malak entrenaba con disciplina, sin perderse un solo entrenamiento. En un lugar en el que la supervivencia a menudo no deja espacio a los sueños, se atrevió a soñar a lo grande. Quería representar a Palestina en la escena internacional, alzar su bandera con orgullo y fuerza. No solo llevaba guantes, sino la esperanza de todas las niñas a las que se les había dicho que no soñaran. Malak no era solo una boxeadora, era un símbolo de resistencia, de ambición, de voluntad inquebrantable. Pero la guerra no perdona ni a los más fuertes. Fue otra de las víctimas del Café Al Baqa, una luchadora feroz cuya pelea terminó de golpe, pero no sobre el *ring,* sino en el lugar donde una vez buscó un momento de paz.

Ismail Abu Hatab era más que un fotoperiodista, era un testigo. A través de su objetivo, había captado la lucha, la angustia y la resiliencia de la vida palestina. Sus fotos no solo mostraban la destrucción, mostraban la humanidad que sobrevivía bajo el fuego. Ismail creía fervientemente en la necesidad de contar esas historias, en mostrar al mundo que los palestinos aman la vida, incluso cuando esta se escapa. El café era su salvación, el sitio en el que solía conectarse a Internet para colgar sus fotos y compartir la verdad. El mundo perdió un testigo ese día. Su cámara descansa aún a su lado con las historias que quedaron por terminar y la verdad que no llegó a contarse.

Las cuarenta vidas perdidas del Café Al Baqa son más que simples números, son las piezas de un retrato hecho pedazos, cada uno con una historia de esperanza, amor y resistencia truncada trágicamente. En un lugar donde cada respiro es una batalla, encontraron momentos de alivio y consuelo junto al mar, un frágil recordatorio de que la vida, incluso aquí, sigue queriendo florecer. Su recuerdo perdura en el batir de las olas y en el corazón de quienes dejaron detrás, es el testamento de un pueblo que rechaza ser borrado. No las recordéis como simples víctimas de la contienda, sino como vidas que transcurrieron con pasión y sueños perseguidos con fervor.

GHAYDAA KAMAL AL-ABADSA

Ghaydaa Al-Abadsa, de veinticuatro años, es traductora de inglés y árabe.

De Jan Yunís, Gaza, actualmente vive en un campamento para desplazados.

Antes de la guerra, era una soñadora. Trabajaba como traductora, escritora y correctora de textos, muy activa en trabajos *online*.

La guerra no solo le arrebató el trabajo, sino también su hogar y su padre.

Ha perdido todo lo bello que tenía en su vida.

La escritura ha sido su pasión desde niña, pero ahora es la herramienta con la que documenta el sufrimiento y narra las historias de Gaza.

Su sueño en el momento de escribir las historias incluidas en esta colección es que termine la guerra y viajar al extranjero para contar la verdad de lo que pasa en Gaza.

Varios de los relatos seleccionados en la presente obra han sido previamente publicados en *We Are Not Numbers, Palestine Nexus* y *Electronic Intifada,* plataformas destinadas a dar voz a jóvenes palestinos que relatan la vida bajo el genocidio.

ANAS AL-SHARIF: CUANDO LA VOZ DE GAZA SE CONVIERTE EN NOTICIA

En Gaza, el sol solo amanece sobre nuevos escombros, y la noche solo se acuesta con el sonido de los cañonazos. En medio del paisaje calcinado, el periodista se alza con su cámara como si estuviera en la misma línea de fuego sin otra coraza que la verdad. Anas al Sharif, el corresponsal de Al Jazeera, no solo transmitía noticias, sino que fue testigo y mártir al mismo tiempo. Desde el primer día de la agresión israelí contra Gaza, estuvo sobre el terreno, documentando las masacres, captando escenas desgarradoras entre el humo y la sangre, desafiando una maquinaria bélica imparable que incita abiertamente a odiar a los periodistas y los incluye en su lista de objetivos directos.

Anas ya estaba presente en las primeras horas de la agresión, cuando del cielo llovía fuego sobre los barrios de Gaza. No esperó a que se calmaran los frentes, sino que empezó la cobertura en el primer bombardeo, relatando al mundo lo que pasaba en cada momento. Su voz en la pantalla de Al Jazeera se convirtió en el ojo de Gaza, en los latidos del corazón y en la lengua de un pueblo que gritaba a la oscuridad a la cara.

Israel no solo bombardeó hogares y hospitales. Además, ha intentado legitimar la idea de que los periodistas son un objetivo militar, y sus medios incitaron al odio contra ellos públicamente, mostrándolos como enemigos que merecen ser silenciados. Anas lo sabía perfectamente: había recibido mensajes amenazantes en repetidas ocasiones, pero respondía con una sonrisa y continuaba su labor, como si hubiera acordado consigo mismo permanecer en el corazón de su ciudad hasta el final, aun a riesgo de que su nombre acabara escrito en los rótulos del telediario.

Semana tras semana, Anas documentó las masacres: familias sepultadas bajo los escombros, niños rescatados sin vida, calles convertidas en cementerios. No era un simple testigo, era el portador de la memoria colectiva que Israel pretende borrar. Caminó entre los cuerpos, describiendo las escenas minuciosamente, y su voz transmitía una mezcla de dolor y de responsabilidad, como si cada palabra que decía prometiese a los mártires que su historia llegaría al resto del mundo.

Y en esas llegó el día en el que el propio Anas se convirtió en noticia. En un instante, su voz se apagó, su imagen desapareció y las retransmisiones en directo se estremecieron con una última hora: el martirio del periodista Anas Al-Sharif. La escena causó más dolor que sorpresa. Los habitantes de Gaza saben que la Ocupación persigue a cualquiera que levante una cámara, pero no esperaban que Anas cayera tan rápido. Después de haber estado en medio del fuego desde el comienzo de la guerra.

Gaza quedó conmocionada. En las calles, la gente compartía la noticia con lágrimas en los ojos.

En sus casas, las madres lloraban como si hubieran perdido a uno de sus hijos. Los hijos pequeños de Anas se quedaron sentados frente a la pantalla en un silencio incómodo, buscando a su padre en las imágenes, pensando quizá que la noticia era un error y que regresaría sonriente como siempre. Sin embargo, no volverán a sentarse en su regazo ni escuchar su voz.

El asesinato de Anas no es un incidente aislado; cientos de periodistas palestinos han sido asesinados o heridos durante años, y el mundo se ha conformado con frías declaraciones de instituciones internacionales que no blindan las cámaras ni detienen las balas. La prensa en Gaza está protegida por el derecho internacional, pero la realidad es que la Ocupación considera cada objetivo un peligro y cada palabra un delito, por eso quiere silenciarlas con sangre.

Con cada mártir de los Guardianes de la Verdad, crece el temor de que la narrativa palestina desaparezca del mundo. Pero el legado de Anas y otros mártires nos dice que la palabra es más fuerte que las balas, y que el objetivo que cae de las manos de un periodista mártir lo recogen nuevas manos que completan el camino.

Anas Al-Sharif puede estar físicamente muerto, pero su voz, sus imágenes y actitudes permanecen en la memoria de Gaza y en los corazones de todos los que lo conocieron o escucharon. La Ocupación quiso silenciar la verdad, pero no se dio cuenta de que la verdad nace de la sangre de los mártires. Anas no fue el primer ni el último periodista mártir, pero su nombre seguirá siendo testigo de que el periodismo en Palestina no es una profesión, sino una batalla, y que aunque el guardián de la verdad desaparezca, la crónica nunca muere.

LA NOCHE ANTES DE LA TREGUA

En la tarde del jueves 23 de noviembre de 2023, un silencio mortal dominaba los cielos de Gaza, como si la ciudad se hubiera detenido finalmente, exhausta de muerte. Tan solo nueve horas nos separaban del inicio de una tregua temporal, nueve horas en las que soñamos con vivir en paz. Pero la guerra no tiene compasión y no concede a nadie el tiempo para tomarse un último respiro.

A las 9:45 en punto, estaba tumbada en la cama, hablando con mi amiga, mientras la pequeña Hala se acurrucaba contra mí buscando calor ante el frío intenso. Reinaba una tranquilidad inquietante en el ambiente, no se oían aviones, ni bombas, ni siquiera el zumbido de los drones, que llevaban semanas permanentemente en nuestro cielo. «Mañana por fin empieza la tregua», le dije a mi hermana, Samaa. Ella respondió con tristeza: «Nadie sabe quién está destinado a ser mártir esta noche».

Unos minutos más tarde, el estruendo de los aviones de guerra desgarró el silencio. Los misiles atravesaron la calma como dagas hendidas en el pecho de la noche. El suelo tembló bajo nosotras, y el armario se derrumbó sobre mí y la pequeña Hala. Me di cuenta entonces de que el bombardeo estaba justo sobre nosotros, que nos habíamos convertido en objetivos en la lista de la muerte. No sé dónde encontré fuerzas, pero saqué a Hala de los escombros y corrí en busca de signos de vida entre los restos de nuestra casa.

Los cristales de la ventana se hicieron añicos sobre nosotras como si un terremoto hubiera sacudido el edificio. El humo, un humo como no había visto antes, lo cubrió todo. No era solo humo, por Dios, aquello parecía el día del juicio. No se distinguían las manos ni el cuerpo. Todo a nuestro alrededor estaba fuera de su sitio. Había oído que a quienes impacta un misil no sienten nada. Y sí, nos consolaba pensar que nos habíamos convertido en mártires, pero hasta ese momento no había experimentado con certeza esa realidad. Entonces oí todos aquellos gritos a mi alrededor, los ruegos, había sangre por todas partes, pisábamos cristales mientras nos movíamos a ciegas, entre llantos cuyo origen desconocíamos.

No sé cómo mis pies lograron encontrar la puerta del apartamento, si es que todavía existía. Me quedé mirando dónde habían caído los misiles. Me sentí como en un sueño que no podía explicar.

La voz del hermano del mártir Ashraf todavía resonaba en mis oídos: «¡Ayudadme! ¡Ayudadme! ¡Voy a morir, ayudadme!». Me lancé a toda prisa, todavía no sé ni cómo. Tenía los pies desgarrados por los cristales, el cuerpo atrapado por lo que le había caído encima. Con el teléfono que había cogido de debajo de la almohada, iluminé el camino hacia Ashraf, el hijo de nuestros vecinos. Dios mío, no podía creer lo que estaba viendo: la parte superior de su cuerpo, inmóvil, suspendida en el aire, con un fragmento del techo envuelto en llamas aplastándole el pecho, y sus gritos de auxilio perforándome los oídos.

Mi prima le decía que no se moviera: «¡Aguanta, héroe! ¡Sé fuerte! ¡Recita la Shahada[1]! ¡Di que no hay más dios que Dios! ¡No te muevas, no te muevas!».

Los llantos y ruegos que provenían de nuestro edificio y de todos los que seguían en las plantas superiores me llevaron a dejarlo ahí colgado; en ese momento no tenía fuerzas para ayudarlo. Busqué a tientas el sofá, cogí el velo de plegaria y junto con mi prima empecé a buscar a todo el mundo, sacando a quienes todavía estaban en casa. Aún no sabía qué le había pasado al edificio. Solo oía los alaridos de los vecinos trepando por las escaleras del edificio, pero no había visto todavía la magnitud de la destrucción.

Nos arrastramos afuera, pisando sobre cristales y escombros, sobre las ruinas de nuestros recuerdos. El calvario duró solamente cinco minutos, ni uno más. Vi a alguien sangrando por la cabeza, otra persona por la cara, y otra por un brazo.

Bajamos las escaleras a trompicones, jadeando, hasta que tuvimos que detenernos de forma abrupta cuando el tejado, las columnas y todo lo que separaba a los dos edificios se derrumbó ante nosotras. Solo recuerdo que salté junto a los demás para escapar. Oí los gritos, los gemidos, el fuego expan-

1. Declaración de fe del Islam.

diéndose por todas partes. Una oscuridad absoluta lo cubrió todo, solo quedaron sombras. Un cuerpo quedó hecho pedazos entre los dos edificios; uno de ellos parecía ahora que nunca hubiera existido y el otro había perdido las características que lo hacían reconocible como inmueble, lo que provocaba que cualquiera que subiera por él temiera morir o caer por un precipicio. Los restos del mártir Yousef estaban esparcidos por nuestro hogar.

Recuerdos horrorosos, rostros ennegrecidos, mentes que nunca olvidarán esa noche de muerte certera, apenas horas antes de que empezara la tregua.

Yousef se convirtió en mártir, y antes que él, Yousef, el hijo del vecino, un niño encantador de pelo rizado. Dios mío, qué pérdida tan terrible.

Dos Yousef en un mes. Dos almas hermosas, una que no llegaba a seis años y la otra de veintisiete, pensando en casarse al terminar la guerra.

Que las huríes del paraíso te reciban, querido Yousef. Que Dios se apiade de ti y te guarde el mejor lugar del paraíso. Dios sabe que no había otro como tú entre los jóvenes de nuestro vecindario.

Juro por Dios que nunca escuché una mala palabra sobre ti. Solía mirarte y veía un ángel caminando sobre la tierra.

LA DESPEDIDA DEL HOGAR

Gaza se enfrenta desde octubre de 2023 a una destrucción sin precedentes que ha forzado a miles de familias a abandonar su hogar. Lo que para el resto del mundo son números, nosotros lo sufrimos en cuerpo y alma. Esta es la historia de la marcha de mi familia de Jan Yunís y del trayecto que recorrimos en búsqueda de los restos de nuestra ciudad.

En la noche del 23 de enero de 2024, se cerró en nuestro recuerdo el último capítulo de Jan Yunís. El eco de las órdenes letales de los drones impregnaba el cielo.

«Evacuad inmediatamente. Todo el que permanezca en el barrio de Al Amal, así como en el resto de Jan Yunís, será eliminado». Cargamos con mucho más de lo que se puede soportar: no llenamos nuestras bolsas con ropa o comida, sino con miedo, ansiedad y con la débil esperanza de volver algún día.

Mi ahora difunto padre nos aseguró que no estaríamos fuera más de dos días. Dejamos todo detrás, hasta nuestras almas se quedaron allí. Pero el tiempo no tiene compasión, y los días pasaron sin señales de un regreso.

Pasó un mes entero hasta que nos enteramos de que las fuerzas de ocupación se habían ido de nuestro barrio. Los vecinos empezaron a volver para comprobar el estado de sus casas, o lo que quedaba de ellas. Decidimos volver. Nos pusimos en marcha al amanecer del 27 de febrero de 2024, recorriendo durante horas unas calles despojadas de sus rasgos.

Cuando llegamos a Al Dahra, antaño el bullicioso corazón comercial de Jan Yunís, me quedé paralizada, atónita, incapaz de reconocer mi ciudad.

—¿Dónde está la rotonda de Al Dhara? —pregunté a mi padre.

—Estás sobre ella —respondió.

No quedaba nada. La destrucción era total. Los edificios estaban derruidos, las calles arrasadas, y los cadáveres yacían por todas partes.

Continuamos hacia nuestra casa. Documenté todo con mi teléfono, con miedo de que un proyectil solitario nos golpeara desde el cielo.

—¡Ahí delante hay cadáveres de varios jóvenes, no los piséis! —gritó mi hermana. Cerré los ojos mientras ella me guiaba de la mano a través de la muerte que nos rodeaba.

Nunca llegamos a casa. Nos alertaron de que en quince minutos estallarían enfrentamientos, por lo que nos dimos la vuelta con las manos vacías. Nos acompañaba un joven de veintinueve años, Wael Safi, cuya mujer estaba embarazada de su primer hijo.

—Esperadme, que me vuelvo con vosotros —dijo—. No sabíamos entonces que el ángel de la muerte ya estaba entre nosotros.

Mientras volvíamos, alguien empezó a gritar.

—¡Corred! ¡Hay un tanque!

Ojalá pudiera describir ese momento. Deseé que una cámara hubiese captado los latidos de mi corazón mientras el tanque nos perseguía.

Corrimos desesperadamente en busca de refugio. Nos escondimos en una casa en ruinas. Me senté sobre los restos de una escalera junto a mi padre, Sama y Wael.

El miedo me paralizó el corazón. Los blindados rugían cada vez más. Lloré amargamente mientras marcaba en el teléfono el número de mi madre. No quería irme de este mundo sin despedirme de ella y pedirle perdón. Presentía que era el final, que nos convertiríamos en mártires, que nadie encontraría nuestros cuerpos.

—Oh, Señor, misericordioso, así como salvaste a Jonás del vientre de la ballena, sálvanos también a nosotros.

Repetía sin cesar esta plegaria mientras los disparos del tanque comprometían cualquier atisbo de vida.

Después de media hora, todo quedó en silencio. Wael dijo que saldría a comprobar si los soldados se habían retirado.

En cuanto puso un pie fuera, una bala traicionera acabó con su vida.

Wael se convirtió en mártir ante nuestros ojos.

Era incapaz de gritar. Estaba paralizada. Sama me tapó la boca con la mano para que no hiciera ningún ruido. No podía soportarlo. Quería desplomarme a su lado, pero no podía.

Wael, prometiste que nos iríamos juntos. ¿Por qué nos has dejado atrás?

Cuando los soldados se retiraron, rompí a llorar. No podía contenerme más. Tenía el corazón en llamas. No lloraba solo por Wael, imaginaba que podría haberle pasado a mi padre o a mi hermana.

Regresamos al campo de refugiados, donde mi familia nos esperaba devorada por la ansiedad. Cuando escuché a mi madre llamándome a lo lejos, bajé del carro y corrí hacia ella. La abracé muy fuerte, lloré entre sus brazos, besándola en la frente y dando gracias a Dios por habernos salvado.

Pero Wael… Wael no sobrevivió.

EL PAN DE LA REDENCIÓN

Era un día sin más en Jan Yunís, una jornada como cualquier otra, cuando corrió la voz de que habían llegado a la zona camiones de ayuda con harina, por lo que miles de personas se lanzaron a conseguir lo que pudieran. Mi hermano mayor, Ahmed, mi hermano menor, Mohammed, y mi primo, que también se llama Ahmed, fueron como todos los demás, confiando en que esta vez tendrían la suerte de hacerse con algo. Con apenas entre veinte y setenta camiones y unas decenas de miles de raciones de ayuda, era prácticamente imposible que todo el mundo lograra obtener algo. Los tres se unieron a un grupo y fueron a ello.

A las siete en punto de la tarde llamé a mi hermano pequeño Mohammed. El punto de encuentro que habíamos acordado era el edificio Jasser.

—Mohammed, ¿dónde estás? ¿Cómo va todo? Por favor, cuéntame.

—Ghaida, la situación es peligrosa. Hay disparos y cañonazos en el centro de la ciudad. Los cuadricópteros están disparando a la gente. ¿Lo oyes? ¿Lo oyes?

El sonido de los disparos y de las explosiones era aterrador.

—Lo oigo, tesoro. Lo oigo. No te alejes de tu hermano y tu primo. No te alejes de ellos. Permaneced juntos. ¿Dónde estáis ahora?

—Hemos empezado a bajar hacia la panadería Al Qala, pero la gente dice que no nos acerquemos porque es peligroso.

—Mohammed, corazón, sé que estás asustado. Tranquilo. Sé fuerte, Hamudi, que igual hoy vuelves con un saco de harina.

—Ghaida, tengo miedo. Anoche tuve un sueño, uno terrible.

—No tengas miedo, mi amor. Sigue recitando el Ayat al Kursi, sigue pidiendo el perdón.

—Ghaida, reza por nosotros, te lo ruego, reza por nosotros.

—Tesoro, te prometo que estoy rezando por vosotros. No te despegues de tu hermano y de tu primo. No te alejes de ellos.

La llamada se cortó de golpe por una explosión ensordecedora. El pecho me abrasaba y el corazón me ardía de miedo. Mi madre le suplicaba a Dios y mi lengua la siguió: «Oh, Dios, tú que eres el mejor protector, el más piadoso de los misericordiosos». Los llamé una y otra vez, hasta diez veces, sin respuesta, ninguno respondía.

El miedo me atenazaba el corazón. Oh, Dios, ¿qué es esta sensación?

Maldita sea esta guerra y maldito sea todo lo que nos ha traído hasta aquí.

Tras diez minutos de angustia, mi hermano Ahmed por fin llamó.

—Ahmed, ¿dónde estáis? ¿Qué está pasando? ¿Dónde estáis ahora?

—Ghaida, nos hemos separado. Dispararon tres cañonazos y nos dispersamos. Hay mártires por todas partes y todo está arrasado.

El corazón se me encogía de puro pavor. Mi madre estaba a mi lado y de mi boca no salía otra cosa más que un «Oh, Dios, te confío a mis niños. Tráemelos de vuelta, tú, el Más Misericordioso».

—¿Dónde está Mohammed?

—No lo sé. Puede que haya vuelto al Jasser, pero yo estoy ahora mismo en Al Qala.

—Vale, quédate ahí. Voy a llamar a Mohammed para decirle que vaya a por ti.

Llamé a Mohammed otra vez. Mi primo había llegado a la rotonda de Abu Hmeid. Mi hermano por fin cogió el teléfono.

—¿Dónde estás, Mohammed? ¿Por qué has vuelto?

—Volví al Jasser.

—¿Por qué Mohammed? ¿Por qué? ¡Ve ahora mismo con tu hermano!

—Ghaida, es muy peligroso, de verdad…

—Corazón, que vayas con tu hermano, permaneced juntos. Ahmed te espera en la Al Qala.

—Ghaida, tengo mucho miedo. Hay disparos, cañonazos, gente muriendo…

—¡Sé fuerte! —le grité. —¿Cuánto tiempo más vas a seguir asustado? Solo los fuertes sobreviven. Si no conseguimos la harina, ¿quién lo hará? Ahmed ha dicho que vayas con él, que te espera en la Al Qala.

—Vale, vale, pero sigue rezando por nosotros, que tengo mucho miedo.

—Yo rezo por vosotros, mi amor, pero sé fuerte y ve con tu hermano.

Ahmed y Mohammed avanzaron juntos. Nosotros seguíamos oyendo el sonido de los disparos y los cañonazos. Contactábamos con ellos cada pocos minutos. Mi primo me dijo que había llegado a la calle Barabja, cerca de la oficina de correos.

—Ahmed, tu primo te espera más adelante. Dice que es seguro.

—Ghaida, es peligroso. La gente muere a nuestro alrededor. ¡Se están dando la vuelta!

—Ni se te ocurra darte la vuelta. Si ya has llegado tan lejos, sigue avanzando. Dicen que los camiones casi están, ¡así que sigue avanzando!

—¡Si nos pasa algo, será culpa tuya! Esto es realmente peligroso. Tengo mucho miedo —dijo mi hermano pequeño.

—Por Dios que no os va a pasar nada. Tu primo dice que es seguro, que no hay peligro.

—Los tanques están rodeando la zona. Si nos atrapan, nos matarán a todos.

—Ahmed, no va a pasar nada. Si Mohammed quiere volver, deja que lo haga solo. Él es un cobarde, pero tú no te vas a volver atrás.

—Vale, vale, reza por nosotros.

—Que Dios os proteja a los dos. Estáis a Su merced.

Los minutos se hicieron eternos. A las ocho menos diez, seguíamos sin noticias. Pasaron otros diez minutos hasta que recibí un mensaje de Mohammed: «¡Llámame ya!».

Llamé tres veces hasta que me lo cogieron.

—Mohammed, ¿qué pasa?

Los disparos y las explosiones nos interrumpieron. Gritos. Caos. Mohammed gritaba.

—¡Ghaida, los tanques nos han rodeado! He perdido a Ahmed. Nos dispararon. Arrasaron con todos. ¡Los cuadricópteros están acribillando a la gente! Ahmed… ¡No sé dónde está!

El corazón me oprimía el pecho.

—¡Mohammed, vuelve! ¡No vayas para allá y vuelve, mi amor! —gritaba, perdida.

—Ghaida… No sé adónde ir. Tengo miedo. ¡No quiero morir! Ahmed se ha ido y estamos atrapados, Ghaida… — sollozaba Mohammed.

—Hamudi, corazón, tranquilízate. Vuelve con los que regresan y no esperes a Ahmed. Yo trataré de encontrarlo.

—Esto está lleno de mártires. A uno le han volado la cabeza. Tengo miedo. ¡No quiero morir! Han dado a los camiones, y Ahmed se ha ido, Ghaida… Ahmed se ha ido.

La línea se cortó.

Solté el teléfono, dominada por un temblor incontrolable. Nadie hablaba, todos rezaban, mientras otros seguían intentando contactar con ellos.

El tiempo corría lento y dolorosamente.

Traté de llamar a Ahmed, que no respondió. Casi se me salía el corazón con cada tono, pero el silencio reinó de nuevo. No había señal ni cobertura. Los móviles de los tres estaban fuera de servicio.

La espera se convirtió en una tortura, hasta que finalmente… recibí un mensaje de Ahmed: «Llámame, es urgente».

Lo llamé inmediatamente.

—Ahmed, ¿dónde estás, hermano?

—Ghaida, dile a Mohammed que venga rápido a por el saco. Me han dado en la pierna y no puedo andar. Están disparando por todas partes y los tanques nos rodean.

—¿Dónde le digo que vaya? ¡No sé dónde está! ¡Suelta el saco! ¡No queremos nada, solo que salgáis!

—Esta vez tengo el presentimiento de que voy a morir, Ghaida. Dile a mamá que rece por nosotros. Estoy rodeado de muertos. Estamos atrapados.

Me derrumbé.

—¡Que te vayas! ¡Deja todo y vete, Ahmed! ¡No queremos comida, queremos que vivas! —grité—.

—¿Dónde está Mohammed? Yo estoy solo. Pregunta si mi cuñado Abu Anas está cerca…

La línea se cortó.

Ya no sabía qué hacer, a quién llamar o a quién acudir, salvo a Dios.

De repente, Ahmed llamó de nuevo.

—Ghaida, nos hemos subido a un coche lleno de cadáveres. Abu Anas está conmigo. Reza por nosotros. Los tanques están muy cerca… ¿dónde está Mohammed? Me asusta pensar que lo hayamos dejado atrás.

—No te preocupes, que Mohammed logró llegar al Jasser. Tú simplemente ve contándome.

Colgamos de nuevo. Me derrumbé, temblando y llorando. No quería volver a pasar por esto. Habíamos perdido a nuestro padre hacía solo unos meses, así que no podía soportar la pérdida de nadie más.

Irrumpieron los gritos en el campamento. Había madres corriendo, desgarradas por las noticias que llegaban sobre sus hijos.

Mi cuerpo temblaba violentamente. No me podía mantener en pie. Por favor, que alguien me dé noticias.

—Están a salvo —gritó por fin mi hermana.

Casi no podía oírla. Solo me llegaban los gritos del Hospital Nasser, de las madres lamentándose sobre los cuerpos de sus hijos.

Oh, Dios, ¿qué dolor es este? ¿Cómo puede soportar tanto el corazón?

Pasaron otros quince minutos y mis hermanos regresaron.

Me lancé a los brazos de mi hermano mayor, besándolo, maldiciendo la harina, la comida y este mundo miserable.

No queremos nada más que nuestra seguridad.

Que Dios se apiade de las madres. Cientos de hijos regresaron muertos o heridos.

Allí, impregnado por la sangre de mi hermano, estaba el saco de harina.

Se había enfrentado a la muerte por él, dejándose la sangre y el alma por una barra de pan.

Así es, señoras y señores: la vida a cambio de una barra de pan.

El pan de la redención.

LA HISTORIA DE LA PRISIONERA RULA HASSANEIN

Cuando sonó el teléfono, no podía imaginar que me encontraría ante un tipo distinto de dolor, un dolor envuelto en dignidad, impregnado de orgullo y bordado con los rostros de las mujeres libres. Rula estaba al otro lado, su voz transmitía una calma solo comparable a la tormenta que había vivido, y sus palabras eran demasiado inmensas como para caber en el papel.

No fue una llamada normal, sino una ventana a las estrechas celdas de la prisión, saturadas de dolor, repletas de opresión, que transmitía la historia de la patria relatada desde las entrañas de una mujer. Rula Hassanein, la periodista palestina, la madre a quien despojaron de su bebé y la prisionera que se enfrentó al infierno con la paciencia de las montañas. Con su voz y la cadencia de la conversación, la historia comenzó a fluir.

> Soy Rula Hassanein, periodista palestina. He pasado diez meses en las cárceles de la Ocupación: me detuvieron el 19 de marzo de 2024 y me liberaron el 19 de enero de 2025 durante el primer acuerdo de intercambio. Sin embargo, el tiempo en prisión no se mide en días, sino en privaciones, dolor, anhelo y dignidad mancillada.
> La historia comienza en Ramadán. Irrumpieron en nuestra casa mientras tenía en brazos

> a mi bebé, Ilia. Tenía nueve meses, había nacido prematura, frágil y necesitada de un cuidado especial. Les rogué que me dejaran llevarla conmigo o al menos despedirme. Me gritaron que no había tiempo. Pedí hablar con el oficial al mando y él les dijo que me arrestaran, que no había tiempo. No me dejaron despedirme de ella, tampoco de mi marido ni del resto de mi familia. Apenas me dejaron vestirme.

Ese momento, tal y como lo describió Rula, fue como una muerte, como una muerte en miniatura. Para una madre, que le arrebaten a su hija de esa forma, es una opresión insoportable.

> En un primer momento pasé por distintos centros de detención, y luego a la prisión de Sharon, una cárcel de tránsito infame, con celdas que no superan el metro cuadrado, el inodoro en el suelo y sin agua ni comida. Buscaba gotas de agua como quien se asfixia busca una brizna de aire. Sin víveres, sin privacidad, solo opresión por los cuatro costados.
>
> Luego estuve en la prisión de Damon, donde empezó un nuevo capítulo de mi tormento. Pasábamos 23 horas en la celda y solo nos daban una hora diaria para ducharnos y lavar la ropa, ropa de la que normalmente nos despojaban para castigarnos. Nos privaban de todo: sábanas, ropa, incluso compresas.
>
> `Nos humillaban deliberadamente, cacheándonos desnudas, con insultos, golpes y castigos colectivos con simples excusas como cuando una prisionera llamaba a otra, se reía

o llamaba a la oración. Estábamos en una prisión en la que no cabía la humanidad.
Yo soy madre, madre de una niña pequeña, y mi corazón se desgarraba cada día. Durante el cautiverio, se me disparó la presión arterial y separarme de mi pequeña Ilia casi me cuesta la vida. Con la imaginación, intentaba recordar sus rasgos, pero tras el segundo mes detenida, empecé a olvidar su rostro. Ya no podía recordar sus facciones, y eso me destrozaba.
Pasaron los meses sin poder ver una foto de Ilia. Tras siete meses, el abogado insistió en que el juez me dejara ver una foto suya en su móvil. Me derrumbé en cuanto me puso la pantalla delante y vi la cara de mi hija. Había crecido, había cambiado, y yo no estaba allí. Le salieron los primeros dientes mientras yo estaba en prisión. Sus primeros pasos, su primer Eid, su primer cumpleaños, y yo no estaba.
Había preparado sus vestidos para el Eid al principio del Ramadán, pero el arresto me privó incluso de compartir con ella un placer tan simple. No hay nada más duro para una madre que no poder abrazar a su bebé.

El oficial que la interrogó utilizó a su hija para hacerle daño, con amenazas del tipo de «te juro que te privaremos de tu hija durante al menos un año y medio». Dios es misericordioso. Él espetó: «Te lo demostraré. No vivirás en paz hasta que no te vayas de Palestina[2]».

---

2. La autora ha empleado el término Palestina de forma reivindicativa, pero es difícil pensar que fuera el término empleado por el interrogador. El

El dolor no manaba únicamente de la separación de su hija, sino también de la propia naturaleza del cautiverio. Rula se había convertido en el objetivo de colonos que habían instigado una campaña contra ella en Telegram tras el tercer día de la guerra del 7 de octubre, pidiendo detenerla e incluso matarla. La Ocupación cumplió y fue detenida por presuntas incitaciones en redes sociales.

Habló de la violación de su privacidad, de la falta de higiene y los problemas con su piel, de la ropa interior que le decomisaban, de cómo solo le daban compresas tras humillarse con una explicación explícita ante los guardias de la prisión. Hasta la menstruación se convirtió en un episodio de humillación.

> Ayuné más de 200 de los 370 días que permanecí en prisión. La comida era terrible y mi dignidad estaba quebrada.

Le pregunté por la educación.

> Tras el 7 de octubre, no había Corán, ni libros, cuadernos o bolígrafos. La educación era un sueño y el contacto con nuestras familias se cortó de raíz.

También habló del aislamiento, de los registros nocturnos por sorpresa, cuando los guardias irrumpían durante las horas de sueño, de la ausencia completa de privacidad, hasta durante el sueño.

---

editor ha decidido mantener Palestina por respeto a la autora.

> Dormíamos con nuestras modestas prendas porque sabíamos que podía haber un registro en cualquier momento.

En cuanto a las instituciones nacionales palestinas, recordó con amargura:

> Nadie preguntó por nosotros. No nos brindaron apoyo psicológico. Tampoco ayuda profesional o seguimiento de nuestra situación tras ser liberadas. Estaba sola. Solo mi familia hizo un seguimiento de los procesos judiciales y de mi informe médico.

Luego me contó el momento de la liberación:

> Nos golpearon, nos arrastraron, nos humillaron hasta el final, como si quisieran despojarnos de nuestra dicha. Pero salimos, vimos a nuestras familias y sus lágrimas se convirtieron en la cura que necesitábamos.
> Le debo mi liberación a Gaza. Y todo el que respira libertad tiene sobre sus hombros una deuda con cada prisionero que sigue cautivo.
> La Ocupación destruye a los prisioneros en todas sus dimensiones: física, mental e intelectualmente. Pero aguantamos.

Así terminó la llamada con Rula. Mi corazón quedó suspendido entre el trauma y la admiración, entre el dolor y el orgullo. No es solo la historia de una prisionera, sino la historia de la patria en forma de mujer.

Rula Hassanein no solo cruzó la puerta de la cárcel: se erigió como testigo para recordarnos el alto precio de la libertad y que Palestina todavía alumbra heroínas.

DIEZ MINUTOS PARA HUIR DE LA MUERTE

Cada día en Gaza es como transitar por el borde de la muerte. Durante meses, no solo he cargado con mi pluma, sino también con el miedo constante de que cualquier instante sea el último. Como periodista, me he dedicado a contar las historias de los presos palestinos, sus gritos, su dolor y su humanidad. Pero ahora me encuentro con que yo soy mi propia historia.

Soy una periodista que describe el dolor tal como es, dando voz a los prisioneros palestinos y a su silenciado sufrimiento. Intento ser el altavoz de quienes han sido acallados entre los barrotes. Pero a la vez, me he convertido en testigo de mi propio sufrimiento y de la agonía de esta tierra inclemente.

Llevo meses desplazada en Al Mawasi. Dejé atrás mi habitación, los libros y las pequeñas cosas; solo me traje una pesada maleta llena de sueños aplazados. Lo único que buscaba era un lugar con algo de electricidad e internet para poder escribir, trabajar y mantener viva mi voz entre las ruinas. Caminé durante kilómetros, rodeada del olor a pólvora y sangre, mientras las sirenas de las ambulancias aullaban incesantemente por las calles. Cada paso me parecía el último, pero seguí caminando porque escribir era más poderoso que el miedo.

Conseguí un lugar donde pude quedarme durante cinco meses. Era un sitio sencillo, pero relativamente seguro, lejos de los bombardeos. Allí se reunían los estudiantes y los jóvenes que buscaban una oportunidad para seguir viviendo entre tanta muerte; allí encontré un rincón en el que escribir mis artículos, enviar mis relatos sobre los prisioneros e intentar sembrar conciencia en un mundo ensordecido por el estruendo de la guerra.

Pero hoy, todo cambió. El teléfono sonó mientras estaba absorta en la escritura. La voz fría del ejército israelí irrumpió en aquel instante: «Tienes diez minutos para evacuar antes de que bombardeemos el lugar».

No conseguía pensar ni respirar bien. Apagué el portátil, agarré mis papeles y me colgué el bolso. Corrimos y corrimos como alma que lleva el diablo. Unos minutos después, impactó el misil, convirtiendo nuestro frágil refugio en humo y escombros.

Pensé que todo había terminado. Pero el día siguiente fue todavía peor. Volvieron a bombardear el mismo lugar, como si estuvieran decididos a borrar todo rastro de nosotros para demostrar que no nos dejarían ni el más diminuto espacio en el que sobrevivir.

Emergí de entre el polvo, jadeando, todavía aferrada a mis palabras. Sigo escribiendo, a pesar de vivir bajo la sombra permanente de la muerte. Escribo porque esta voz debe ser escuchada. Si guardo silencio, me matarán dos veces: la primera con sus misiles y la otra con el olvido.

MI MUERTE LENTA EN GAZA

Soy Ghaydaa, una chica palestina de Gaza. He dejado de escribir para relatar y ahora lo hago para gritar, para contarle al mundo que estoy muriendo de hambre. No es una metáfora, nos estamos muriendo literalmente. Es la realidad a la que me enfrento cada día desde hace varias semanas. No sé si llegaré viva a final de mes.

No exagero. Escribo estas palabras sin haber probado bocado en tres días. En mi boca no entra otra cosa que agua amarga. Ni harina ni arroz: nada, ni un trozo de pan con el que acallar el rugido que llevo dentro. El hambre se ha convertido en un ser que vive en mí, que me devora lentamente, sin piedad.

Cuando camino por la calle, presencio historias inimaginables, jóvenes que se desploman de repente, que se desmayan mientras caminan, no porque estén heridos, sino porque no han comido nada en días. Los ves apoyándose en las paredes para no caerse, respirando con dificultad, arrastrando los pies como fantasmas de personas que una vez estuvieron vivas.

Yo misma vi a un joven que se desplomó de hambre y agotamiento. Su cabeza impactó contra el asfalto y quedó tendido sobre el pavimento. La gente siguió su camino como si tal cosa. ¿Quién va a salvarlo cuando todos necesitamos que alguien nos salve?

En la tienda de campaña en la que vivo, nada indica que estemos vivos más allá del sonido de nuestros lamentos. Nadie habla, nadie ríe, ni siquiera llora. El agotamiento nos ha consumido el espíritu antes que el cuerpo. Ya no nos queda energía ni para llorar.

El hambre ha puesto mi vida en suspenso. Yo antes estudiaba, planeaba cosas y soñaba. Ahora no puedo leer ni una sola línea. Mis pensamientos se nublan y la memoria se me esfuma. «¿Comeré hoy? ¿Llegaré a mañana?», es cuanto puedo pensar.

Todas las vías de distribución de ayuda han sido bloqueadas. Los pasos fronterizos están cerrados. No queda harina. Israel ha elegido para nosotros la muerte más lenta: el hambre. Ya no se limita a asesinarnos con bombas, sino que nos mata de hambre, sed y desesperación. Hasta las Naciones Unidas, que en su día eran nuestro último soplo de esperanza, se han vuelto incapaces, frías, indiferentes.

¿Tenéis idea de lo que es ver a un niño succionarse el dedo por hambre? ¿Ver llorar a una niña porque no encuentra ni un poco de harina para hacer pan? ¿Ver a un joven rebuscando restos de comida entre montones de basura? No son escenas de hambruna de otra época, sino que están sucediendo ahora, en Gaza, en pleno siglo XXI.

Soy Ghaydaa y escribo con el último aliento. Lo hago llena de rabia, ira y abatimiento. No quiero compasión, quiero que el mundo me escuche. Quiero que la gente sepa que morimos porque alguien ha decidido asediarnos mientras el resto del mundo callaba. Lo árabes callaron. El mundo no hizo nada. La conciencia global ni se inmutó.

Más de setenta niños han muerto de hambre, y esto solo acaba de empezar. Nos entierran en silencio, a oscuras, con una paciencia brutal. Sobrevivimos sin comida ni agua, sin medicinas ni esperanza. Y lo trágico es que todo esto ocurre ante la mirada del mundo.

Si nuestra muerte no conmueve tu conciencia, ¿lo haría que tus hijos pasaran por esto? ¿O es que nuestra sangre es demasiado barata como para afectarte?

Soy Ghaydaa y escribo esto para contar que temo quedarme dormida. Porque temo no volver a despertarme. El hambre me mata. Si no muero hoy, seguramente moriré mañana.

SHAHD ALMAANI

Shahd Almaani tiene veintiún años y vive en la parte central de la Franja de Gaza. Estudia Literatura y Traducción Inglesa en la Universidad Islámica de Gaza.

Las duras circunstancias de la guerra no han impedido que pueda continuar con sus estudios de forma telemática.

Empezó a escribir ante la necesidad de manifestar la realidad que se vive en Gaza y compartir sus historias con el mundo. En la escritura encontró una vía a través de la que procesar sus sentimientos, preservar sus recuerdos y reivindicar a su gente. Es la voz con la que combate el silencio.

RAHAF, MI LUCECILLA

No me di cuenta de que ese momento tan plácido sería su despedida.

La noche anterior, Rahaf se compró un kiwi, su fruta favorita, y lo compartió conmigo. Reservó una manzana para la mañana siguiente. Le dije en broma que yo también quería que me comprara un kiwi, y ella, de forma sorprendente, accedió sin rechistar. No era su estilo porque solía chincharme y regatear antes.

Pero esa noche se limitó a sonreír. No llegó a comerse la manzana.

No llegué a hablarle de la historia que había terminado de escribir.

No llegué a despedirme, no hasta que fue demasiado tarde.

Rahaf creía en mí. Era mi mayor admiradora y me instaba a escribir sobre Hamed Ashour, su mentor cinematográfico y poeta desplazado de Rafah. «Te encantará su historia, por favor, escríbela», me decía. Lo hice y la terminé el 28 de diciembre de 2024, a la una de la madrugada. Dejé el portátil con la pantalla abierta sobre la mesa, ilusionada por mostrársela al día siguiente.

Sin embargo, me desperté con el estruendo del mundo derrumbándose.

Caían cascotes por todos lados. Los gritos rasgaban la oscuridad. Luego, el silencio. No podía respirar, ni moverme. Mi hermano lloraba. Lo llamé, tratando de que se calmara. Mi primo Mohammed nos encontró y corrió a buscar ayuda. La voz de mi padre irrumpió mientras me sacaban de los escombros. Lloró aliviado al comprobar que estaba viva.

Pero había algo que no encajaba. Todos evitaban mirarme, y nadie respondía cuando preguntaba: «¿dónde está Rahaf?».

Siempre habíamos sido inseparables, y ella creció imitando cada uno de mis movimientos. La vi nacer en 2012, ocho años después de mí, pero de alguna forma siempre estuvo a mi lado. Mi única hermana. Mi orgullo. Mi tesoro.

Ya no era una niña pequeña, que era lo que me decía mamá cuando me preocupaba demasiado. Cuando Rahaf pidió permiso para apuntarse a un curso de grabación, yo me opuse. ¿Grabar en guerra? Me asusté. Parecía demasiado peligroso. Pero mamá me recordaba delicadamente que había que dejarla crecer.

Y lo hice. Vi en sus ojos que había crecido.

Durante la guerra, nunca dejó de estar a mi lado. Una noche, tras un bombardeo atroz, me derrumbé de puro miedo. Rahaf se sentó a mi lado y lloró en silencio. A la mañana siguiente, le pregunté si había pasado miedo.

«No, lloré cuando te vi llorar porque no quería que lloraras sola», me dijo.

Así era ella. Siempre presente. Siempre tierna.

Me alentaba cuando escribía. Me motivaba cuando dudaba de mí misma. Asistía a todos los actos del colegio.

Cuando recitaba poesía desde el escenario, siempre me señalaba con orgullo, diciendo: «¡Esa es mi hermana!».

Y así, sin más, se marchó. Mi madre entró esa mañana en la habitación, sola. Tenía el rostro anegado en lágrimas.

«¿Dónde están mis niños?», se preguntaba. Al verme, se aferró a mí sin dejar de susurrarme: «Rahaf se ha ido. Shahd, nos ha dejado».

Mi padre se derrumbó. «Se han llevado mi alma», lloraba. «Rahaf era mi alma».

Llegamos al hospital de Al Aqsa a las cinco de la mañana. Yo tenía una herida en la pierna. Mi hermano y mis vecinos también estaban heridos. Les supliqué que me dejaran verla. Cuando mi tío por fin me llevó a la morgue, me ayudó a sentarme a su lado. Parecía dormida. Tenía restos de sangre en la cara. Todavía estaba caliente.

Me acerqué a ella y le susurré: «Adiós, mi preciosa hermanita. Saluda a Eman de mi parte y dile que la echo de menos».

Eman, mi amiga más preciada, murió al principio de la guerra. Rahaf la adoraba, así que esperaba que se encontraran.

Esa noche, me ingresaron en una habitación del hospital junto a otras tres niñas. Una de ellas era idéntica a Rahaf, la misma piel clara, el mismo corte de pelo, el mismo brillo en los ojos. Por un instante, pensé que era ella.

Pero el dolor no concede semejantes milagros.

Me tumbé, incapaz de dormir y rota por el peso de todo cuanto había perdido, todo lo que no llegué a compartir con ella, por sus comentarios sobre mis escritos, su risa en la cocina o sus palabras de tranquilidad y consuelo en las noches oscuras.

Eras mucho más que una hermana, Rahaf. Eras mi espejo. Mi sombra. Mi luz eterna.

Me enseñaste lo que significa ser hermanas. Y ahora, me has enseñado lo que es perder un pedazo del alma.

Te echo de menos.

Llevo tu voz en cada palabra que escribo. Seguiré escribiendo para ti, por ti.

Siempre. Para siempre.

ENTRE EL PAN Y LAS BALAS: EL PRECIO DE ALIMENTAR A LA FAMILIA EN GAZA

En Gaza, la hospitalidad siempre ha sido sagrada.

Hubo un tiempo, hace no tanto, en el que una llamada a la puerta llenaba la casa de dicha. Por muy poco que tuviera una familia, siempre encontraba la manera de atender a sus invitados. El olor del café emanaba de la cocina, los niños corrían a preparar los asientos y servían el agua. Recibir a los demás no era solo una tradición, era nuestra propia esencia.

Pero ahora, la gente de Gaza teme abrir las puertas. No porque no quieran recibir a los demás, sino porque no les queda nada que ofrecer. Los armarios están vacíos, en los mercados no hay nada. El hambre no solo ha privado a las familias de alimento, sino que también les ha robado la dignidad.

Ahora, los únicos lugares donde los padres pueden atreverse a soñar con alimentar a sus hijos son los puntos de distribución de ayuda de la GHF[1]. Pero incluso estos se han convertido en centros de terror.

Desde que los abrieron, han dispensado más funerales que harina. Estos lugares, que deberían haber sido espacios para la clemencia, se han convertido

1. La Fundación Humanitaria de Gaza (GHF) es una organización privada creada en 2025 con respaldo de EE. UU. e Israel para controlar la distribución de ayuda en Gaza, operando al margen de la ONU. Ha recibido críticas internacionales por privatizar y politizar la ayuda, reducir los puntos de reparto a unos pocos protegidos por contratistas militares y por haberse producido asesinatos violentos en sus instalaciones.

en una trampa mortal. Las fuerzas israelíes atacan rutinariamente a las personas que esperan en el exterior, con bombardeos y disparos, haciendo que el simple acto de buscar comida se convierta en un desafío a la muerte.

* * *

La historia de Ahmed: la lucha silenciosa de un padre

Mi primo Ahmed no había ido nunca a un centro de distribución de ayuda. Pero ese día, el hambre pudo más que el miedo. Besó a sus hijos y se marchó temprano, sin nada más que esperanza.

Tan pronto como llegó a las instalaciones de la GHF, las tropas israelíes abrieron fuego contra la multitud que esperaba fuera. En cuestión de segundos, la escena se convirtió en un caos: gritos, cuerpos desplomándose y sangre sobre el cemento. Ahmed recibió un disparo en el estómago.

Empapado en su propia sangre, lo llevaron de inmediato al hospital. En la UCI, los médicos le extirparon un riñón y parte del hígado. Estuvo una semana debatiéndose entre la vida y la muerte. Las heridas no se cerraban, no dejaba de sangrar, y hablaba y respiraba con dolor.

Sobrevivió, pero ya no puede andar sin quedarse sin aliento. Tiene el cuerpo destrozado. Todo porque intentó llevar a casa un saco de harina.

* * *

La historia de Shadi: su última comida con Mira

Luego está el caso de Shadi, mi otro primo.

Tenía cuatro hijos. Mira, la más pequeña, solo tenía seis años.

Shadi iba cada día a los centros de distribución de ayuda. Algunas veces volvía con harina, otras con azúcar y otras sin nada. Sus hijos nunca se quejaban. Cuando volvía con las manos vacías, sonreían y decían: «No te preocupes, papá, a lo mejor mañana».

Su madre le suplicaba que dejara de ir. Rezaba para que cerraran esos sitios porque no quería que se jugase la vida. Pero Shadi no hacía caso. Creía que un padre debía intentarlo, traer algo a casa, aunque solo fuese un mendrugo.

La noche anterior, sobre las ocho, Mira tenía una sorpresa para su padre. Su madre había tostado unos garbanzos, un modesto aperitivo en tiempos de hambruna. Mira los cogió para compartirlos con él. Se sentaron juntos, haciendo como si la guerra no existiera, aunque fuera por un rato.

Entonces llegó el misil.

El momento se esfumó en un parpadeo. Shadi murió en el acto, junto a otras once personas. Otras treinta resultaron heridas.

Mira recibió el impacto de la metralla en el estómago. Ahora está ingresada en el hospital mientras se desangra por dentro y se lamenta diciendo: «Papá es un mártir. Lo llamé, pero no me respondió».

Shadi, que había sobrevivido a todos los viajes al centro de distribución de ayuda, no logró sobrevivir sentado en el bordillo de la acera delante de su casa.

* * *

Un hambre asesina

Hoy, en Gaza, el hambre está por todas partes. La gente sobrevive con una comida al día como máximo. Hay quien mezcla hierbas con agua, otros comen pienso para animales o hierven maleza para aplacar el dolor de estómago. Los precios de la comida se han disparado hasta tal punto que hasta el pan se ha vuelto un lujo.

Y aun así, la gente lo sigue intentando. Siguen arriesgando la vida por un saco de harina, por azúcar, por arroz para sus hijos.

Cada noche, Gaza se va a la cama con un único rezo: «Que mañana llegue el alto el fuego, que cese el baño de sangre, que vuelva a entrar la comida en nuestra tierra».

Pero mientras llega ese día, el pueblo de Gaza seguirá eligiendo entre las balas y el pan.

Y muchos no vivirán para ver qué depara el mañana.

CARTA A EMAN EN SU DIECINUEVE CUMPLEAÑOS

Eman Qamom era mucho más que mi mejor amiga. Era mi hermana y mi luz en estos días oscuros. Nuestras familias se conocían desde antes de que naciéramos, por lo que crecimos juntas, mano a mano y sueño a sueño. Eman tenía el corazón más hermoso, la sonrisa más adorable y un espíritu que rebosaba vida. Soñaba con ser pediatra porque amaba a los niños tanto como yo.

Tenía un año menos que yo. Tras acabar la secundaria, se matriculó en la Universidad Islámica de Gaza, donde yo ya estudiaba. Estaba como loca por enseñarle ese mundo, los rincones ocultos del campus, los bancos en los que me gustaba escribir y los lugares en los que podríamos soñar despiertas entre clase y clase. Pero la guerra nos arrebató esos momentos. La universidad fue destruida, y Eman se convirtió en mártir.

El 22 de diciembre de 2023, durante el cuarto rezo del día, el *magrib,* cayó una bomba sobre el apartamento colindante. Quedó sepultada bajo el muro de su habitación mientras se encontraba postrada en la postura de *sujud.* Su madre, que rezaba a su lado, resultó herida, pero Eman, que estaba completamente sumida en la oración, perdió la vida. Solo tenía dieciocho años.

* * *

El 19 de septiembre por la mañana, me desperté buscando instintivamente el teléfono. Me dije a mí misma: «es su cumpleaños».

Abrí el cuaderno para escribirle una nota mientras deseaba poder llamarla o enviarle un mensaje. No podía dejar que terminara el día sin hablar con ella de la única manera posible: a través de las palabras escritas. De alguna forma, creo que las recibirá.

Encendí una vela, una de las que compramos juntas, y dejé que la llama mantuviera vivo su recuerdo.

Querida Eman:

¿Te acuerdas de aquel día de lluvia?
Estaba en la universidad cuando llamaste con voz cansada. «No puedo estudiar», me dijiste. Yo te respondí que me esperaras a la salida de clase para pasar el resto del día juntas.
Cuando llegaste, estabas calada, pero sonreías como si el mismo cielo te hubiera bendecido. Bajamos por la calle Remal, tú y yo. Siempre decías que la lluvia te hacía sentir viva, como si cada gota se llevara el peso del mundo.
Recuerdo cómo te brillaban los ojos al encontrar cuadernos y subrayadores de colores en Molhem, la pequeña papelería que tanto nos gustaba. «Estos nos vendrán bien», dijiste con determinación, y yo te creí.
Siempre lo hacía. Tenías una fortaleza serena y tranquila, y la certeza de que al final todo se

arreglaría. Cuando estaba a tu lado, también yo lo creía.

Después nos fuimos a Atik, otra tiendita, y compramos velas. A las dos nos chiflaban las velas. Nos encantaba la idea de que hasta cuando se fundían, seguían brillando, para luego volver a endurecerse y brillar de nuevo. Toda una lección de resistencia.

Hace solo unas semanas, encontré una de esas velas bajo los escombros de mi casa. Imagina qué momento. Una velita cargada con tantos recuerdos. Me hizo sonreír, sentir algo real, algo que pervive, como nuestra amistad.

Terminamos ese día en la playa. Abriste tu cuaderno y te sumergiste en las matemáticas con una energía que solo tú podías desplegar. Estabas tan concentrada en aprobar el Tawjihi[2]... algo que por supuesto lograste, y con un 92. Nunca me sentí más orgullosa.

Ahora, mirando cómo la llama de la vela baila en el silencio, pienso en ese día y pienso en ti. Y anhelo pasar el tiempo contigo.

Si aún estuvieras aquí... Nos imagino en nuestro parque favorito, celebrando tu diecinueve cumpleaños. Te llevaría tu tarta de chocolate favorita y cantaríamos estruendosamente, riendo entre bocado y bocado. Te desearía un gran año, lleno de éxitos y alegría.

Pero te fuiste demasiado pronto. Y tus sueños no tuvieron el tiempo que merecían.

Nunca olvidaré nuestra última conversación,

2. Examen de acceso a la universidad que se realiza en Jordania y Palestina al finalizar la secundaria.

la que tuvimos el día que te asesinaron. Nos reíamos mientras imaginábamos cómo sería la vida tras la guerra.

«Terminará pronto», dijiste. «Solo hay que esperar». Pero no llegaste a ver el final. La guerra sigue.

Y el mundo sigue girando, pero está más vacío sin ti.

Visito tu tumba siempre que puedo. Me siento a tu lado y te cuento cómo son mis días, mis esperanzas, mis luchas y mis pequeñas victorias. A veces cierro los ojos y te veo sentada a mi lado, sonriendo mientras me dices que todo irá bien.

Te siento en la brisa, te oigo en el silencio y te llevo conmigo.

Sé que ahora estás en paz y quiero pensar que este es tu mejor cumpleaños, uno repleto de luz, amor y de todo lo que este mundo te ha negado.

Aun así, te echo tanto de menos. Visítame en sueños, mi querida Eman.

Con todo mi amor,

Shahd.

MALEK ALSHANBARI

Malek Alshanbari tiene treinta y dos años y vive en una tienda del campo de Al Mawasi, en Jan Yunís, después de haberse visto forzado a desplazarse quince veces desde el inicio del genocidio. Malek procede de Beit Hanun, en el norte de la Franja de Gaza.

Empezó a escribir desde el primer día de la invasión. Ya había escrito antes, pero a título personal, para sí mismo. Ahora, el significado que le da a la escritura ha cambiado, se ha convertido en la voz con la que le dice al mundo:

«Estamos aquí. Estamos vivos. Estamos sufriendo. Estamos resistiendo».

Malek no escribe como un observador distante, sino desde el corazón mismo de la tragedia. Escribe sobre los bombardeos, el desplazamiento, el miedo y la implacable erosión de la vida. Escribe porque los gazatíes mueren mil veces al día y porque cree que las palabras pueden hacer frente al vacío.

Para Malek, escribir se ha convertido en un acto de resistencia, en una forma de respirar y reivindicar su presencia.

Cada persona tiene una forma de expresar su supervivencia. Esta es la suya.

ESCENAS GAZATÍES

28 de junio de 2024

Regresé exhausto a casa tras hacer una cola interminable para conseguir agua y me quedé impactado al ver a mi mujer llorando con las manos tapándose la cara; lloraba porque había quemado los cinco velos de oración que había llevado durante toda la guerra. No quise preguntarle por qué lo había hecho, sabía perfectamente lo que esta mujer ha sufrido. Me quedé callado, observándola. Solo sé que ha aguantado lo que ninguna mujer del mundo podría: dio a luz en una tienda, vio como asesinaban a su madre delante de ella, hija única y queridísima de sus padres; su padre resultó herido, le rompieron la espalda; y el hogar de la familia quedó reducido a ruinas. Aun así, se ha ocupado de nuestros hijos, Zain y Ayloul, que van impolutos, como si todavía estuviéramos en nuestra casa. No creo que ninguna mujer haya soportado fregar los platos con una sola botella de agua. Wafaa llevó sus velos de oración durante nueve meses enteros, pero al parecer la paciencia de su alma gentil llegó a su fin. No creo que sea la misma que antes del genocidio. Pero lo que tengo claro es que, en la paz o en la guerra, en todo momento, la amo profundamente.

28 de diciembre de 2024

Mañana, mi hijo Zain cumplirá un año, un año vivido en guerra. Le cortaron el cordón umbilical en una tienda. Sobrevivió a dos ataques, estuvo sin tomar leche durante mucho tiempo y sin pañales todavía más. Ha sufrido y superado todas las epidemias y enfermedades de la guerra. No ha visto nada del mundo fuera de los confines de la tienda. Todavía recuerdo claramente la primera vez que vio una pared durante una visita a casa de un amigo. Cuando apoyó la mano en la pared, gritó de miedo, pensando que se tambalearía y se vendría abajo, del mismo modo que las lonas raídas de la tienda. Debo confesarte, chiquitín, que, aunque viviéramos muchos años, dudo que llegue a decirte eso tan típico de padres y abuelos de que «cuando yo tenía tu edad, hijo, yo era…» porque no hay nada más terrible que alguien de tu edad haya tenido que pasar por todo esto. En otra vida, habría deseado que fueras ingeniero, como tu padre. Pero, ahora, lo único que quiero es que hoy, mañana, y cada año que venga estés bien, simplemente bien. Solo eso, mi pequeño héroe.

* * *

Hoy he presenciado una escena en el hospital Naser que ningún humano podría imaginar, un hombre repartiendo los zapatos nuevos que sus nietos asesinados solían calzar, colocándolos sobre sus sudarios, diciendo: «Este es el reluciente zapato de Nana, este es de Ahmad, este es de Isa porque va a juego con su ropa, y este es de mi pequeño amor, el zapato de Shahd».

* * *

29 de julio de 2025

Hoy fui al hospital Naser de Jan Yunís a recoger las medicinas de mi hija Ayloul, que padece asma. Allí, vi a un amigo que caminaba como si estuviera en un funeral, pero sin el cuerpo. Le pregunté qué hacía allí. Me dijo que iba a enterrar a la hija de su primo. Toda su familia había sido asesinada ese día, y ella, dos horas más tarde. Sorprendido, le pregunté: «Pero, Majmud, ¿dónde está el cuerpo? ¡No lo veo!». Él respondió: «Está ahí, en esa pequeña bolsa blanca que lleva su abuelo. No vivió más de diez horas».

Solo diez horas, oh, Dios. Diez horas, nada más. Diez horas fueron suficientes para ser catalogada como «enemiga de Israel». Vivimos en un planeta tan cruel que entiende el asesinato de esta niña como el derecho de Israel a defenderse, mientras el mundo entero observa en silencio.

* * *

Ya os he hablado del miedo que sintió mi hijo Zain cuando vio por primera vez una pared y apoyó la mano sobre ella, temiendo que cayera como las raídas lonas de la tienda. Hoy me acordé de aquello mientras lo llevaba al hospital por la propagación infantil de una enfermedad cutánea. Mientras hacíamos la larga cola rodeados de niños con la piel abrasada bajo el sol que caía sobre las tiendas, reparé en un ventilador que estaba encendido. Todos se acercaban a él disimuladamente para sentir la humanidad negada por el genocidio y las inclemencias de la naturaleza. Quería que Zain pudiera sentir un invento que este pequeño héroe todavía desconocía. Cuando se acercó al ventilador, gritó aterrado, con el mismo clamor que oigo cuando los aviones lanzan un misil cerca de nosotros. Gritó de miedo y me rasgó la ropa con las uñas, agarrándose a mí, temblando. Me alejé en el acto y traté de calmarlo, lamentándome, no por haber sido el causante, sino por haberlo puesto de repente ante esa situación sin advertírselo. Me senté y pensé: «¿Cómo le explico a mi hijo qué es un ventilador? ¿Cómo hago que no le asuste hasta el aire? ¿Por dónde empiezo? ¿Cómo explicarte que todo esto era de lo más normal antes de que nacieras, pequeño mío?». Mis pensamientos se vieron interrumpidos cuando el doctor dijo: «Zain al Shanbari, tu turno».

* * *

Hoy vi a una niña pequeña pegar a su hermana menor. Le agarré inmediatamente la mano para detenerla y le pregunté que por qué lo había hecho.

—Porque robó media barra de pan y se la comió ella sola. Era el último trozo que nos quedaba y acordamos con mi madre que lo comeríamos con agua —me dijo—.

La llevé de la mano a mi tienda para darle tres barras de pan y algún otro alimento del que pudiera prescindir. De repente, se acercó tímidamente y me hizo una pregunta que no respondí, ni responderé.

—¿Te importaría ser mi padre en lugar del que fue asesinado para darme comida todos los días?

* * *

Menos de veinticuatro horas. Los bombardeos no le dejaron vivir más tiempo. Sus padres ni siquiera le pusieron nombre. Abrió los ojos únicamente dos veces. Movió las manitas una sola vez. ¡Pero qué suerte tuvo!

Debo confesar que lo envidio. Lo envidio porque no tuvo que huir, no pasó hambre, no padeció sed ni privaciones, no sintió nada. Su mente diminuta no llegó a entender nada. No llegó a comprender que toda su familia ascendió con él, porque solo tenía veinticuatro horas. Quizás todavía piense que es un feto. De haber sobrevivido un día más, habría vivido esta miserable vida para siempre. No sé qué clase de agonía me hizo desear haber sido ese niño de la familia Al Kahlout que solo vivió un día y subió al cielo en Deir Al Balá.

* * *

Hoy, todo el mundo se está viniendo abajo por el hambre. Todos se han arruinado por el coste insostenible de la vida, algo insólito hasta en los países con la presión fiscal más severa. Todos, claro, salvo los comerciantes, los ladrones, los desalmados oportunistas y los que tienen efectivo. Ellos son los que más se benefician del sufrimiento de la gente. En el mercado, justo delante de mí, un hombre duro como una roca, uno de esos que dirías que pueden derribar montañas solo con las manos, se ha desplomado. Sostuve apresuradamente su cabeza para que no se golpease contra el suelo. Solo me ayudó un joven, el resto se mantuvo indiferente. No sé si por insensibilidad o simplemente por el instinto de evitar estas situaciones tras haber presenciado demasiados horrores. Tras muchos intentos, el joven y yo solo logramos reanimarlo poniéndole sobre la boca un trozo de *halawa* que un hombre nos vendió por quince séqueles. Cuando se despertó, solo dijo una palabra: «Gracias». Luego, se apoyó en mí y continuó su camino como si no hubiera estado al borde de la muerte justo un momento antes. No sé qué habrá sido de ese hombre, que se mostró tan indiferente ante todo, incluso ante su propia muerte. Lo que sé es que estaba hambriento, traicionado y roto. Se llevó dos barras de pan y una bolsa vacía, y decidió permanecer callado ante este mundo vil e injusto.

* * *

Hace poco, me traicionó el cuerpo en el mercado. Me desmayé, quedé inconsciente y no volví en mí hasta que un anciano y su mujer me pusieron un poco de azúcar —no sé dónde la encontrarían— en la boca y me pasaron un manojo de menta bajo la nariz. He visto a muchos desplomarse, pero nunca pensé que yo iba a ser uno de ellos. Siempre me había creído más fuerte que el hambre, pero al parecer algunas presunciones están equivocadas. Alabado sea Dios que puso en mi camino a esas dos viejas almas. Que Dios castigue a quienes nos han llevado a esta situación y que no perdone a quienes nos han abandonado.

* * *

Aquí se reproduce la escena del mito de Sísifo, pero esta vez trata de lo absurdo de la muerte, no de la vida; de la búsqueda de comida, no de su significado. Y a quien castigan los dioses es a los propios gazatíes, que, en lugar de una piedra, arrastran el cuerpo de un compañero. Y todo esto, como tú dijiste un día, mi querido Albert Camus, no nos empujará a rebelarnos contra la vida. ¿Cómo puede uno pedir la vida cuando está siendo aplastado por una piedra de molino?

* * *

Se llama «Tinka», que es como lo llaman sus amigos. Nunca le he preguntado su verdadero nombre. Tiene seis años. La primera vez que lo vi en el mercado le di el dinero que llevaba encima porque por su ropa se notaba que peleaba batallas que ni las montañas podrían librar. Se ha acostumbrado a ello, así que, cuando me ve de lejos, viene a por lo suyo, ríe, me da las gracias y se va. No habla mucho, pero su presencia te queda grabada en la memoria. Una vez me halagó y me hizo sonrojarme al decirme:

—Lo mejor de ti, tío Malek, es que nunca esperas a que pregunte, no me dejas ni pedírtelo.

Hoy lo vi y le di cinco séqueles, pero me devolvió tres en el momento.

—¡Esto no es propio de ti, Tinka! ¿Qué ha pasado? —le dije.

Me respondió cortésmente, recurriendo a cuanto sinónimo de satisfacción tiene el árabe.

—Hoy está todo más barato que antes, la vida se vuelve más hermosa. Con dos séqueles me basta.

Esta satisfacción no es la que se enseña en la escuela. Es la satisfacción de un niño hambriento y destrozado que ha perdido toda inocencia, pero que todavía mantiene las formas, la buena educación, el orgullo y la dignidad en esta ciudad salvaje, ante un mundo inmundo que no ve en él más que carne que exterminar.

* * *

Hoy, mientras libraba mi batalla diaria para encender fuego y contaba los días que dura este genocidio, me sorprendí al ver que nos acercábamos al día setecientos y miré a mi mujer, Wafaa, cuya batalla es más dura que la mía, que estaba lavando la ropa a mano. Me vino a la mente que esta gran mujer lleva casi dos años lavando la ropa a mano al menos tres veces a la semana. No sé cómo lo hace, pero siento una aflicción tremenda por su estado. Esas manos, en su día más suaves que la piel de un bebé, han soportado demasiado. He visto cómo sus uñas, que competían en belleza, se han ido quebrando una a una. Sin embargo, cuando alguien entra en nuestra tienda, siente que entra en un palacio. Todo está en su sitio, como si perteneciera a la tienda. No es una mujer corriente y nunca lo será. Es extraordinaria, más allá de toda medida de este genocidio. Haría cualquier cosa que me pidiera la mujer que ha hecho todo esto por nuestra familia, sin dudarlo. Pondría mi corazón sobre la mesa si ella me lo pidiese.

* * *

La hambruna ha terminado. Ahora estamos pasando por otra cosa que solo nosotros podremos entender, algo que no se puede explicar porque no lo vemos. Lo sentimos como lo sienten quienes se les extirpa el alma del cuerpo instantes antes de morir. Nuestros cuerpos se deterioran, nuestros órganos se devoran entre ellos. Los glóbulos blancos mueren poco a poco. Nuestra capacidad para reponernos de la picadura de un mosquito puede llevar días y desmayarse en la calle es algo normal. Y esto es lo que nos pasa a los adultos, que tenemos un sistema inmunológico fuerte. Nuestros hijos, los que más nos hacen padecer y están más indefensos, sufren una desnutrición aguda de la que no se sale salvo que reciban alimentos saludables de forma regular, lo que es imposible. Caen uno tras otro, y no podemos hacer nada por salvarlos. Solo podemos ver cómo los perdemos.

¿Habéis visto alguna vez una venganza así en este mundo?

* * *

Hace poco, cerca de las tiendas del campamento, un hombre se divorció de su mujer porque estaba hambrienta y comió un pedazo de su pan. Literalmente. Sin exagerar. La familia de su mujer acudió a la tienda, pegó al marido y se la llevaron. El hombre se fue después, destrozado y afligido, dejando en la tienda a sus hijos, que lloraban de hambre y miedo. No los conocía, pero me senté con ellos para tranquilizarlos hasta que su padre regresara. Ahora, jugamos a soñar: ellos sueñan en alto, sueños simples e imposibles, mientras por dentro me hierven las lágrimas y por fuera río amargamente.

* * *

Oh, Dios, ¿si pudieras cambiar la ecuación de este universo por nosotros? ¿Si pudieras cambiar la arena por harina y las rocas por carne? ¿Si el agua se convirtiera en leche? ¿Si te llevases a nuestros hijos para darles de comer y luego nos los devolvieses para que se durmiesen sin llorar? Oh, Dios.

* * *

Fui a un lugar al que un amigo me dijo que vendían «agua de azúcar», agua edulcorada, aunque no sé qué aditivo emplean. Se vende como sustituto del azúcar durante la hambruna por diez séqueles el litro. Llegué allí y vi a una madre con un niño pequeño, pidiéndole al vendedor que llenara el biberón con esa agua. Le dije que era peligroso para la salud del bebé y que era mejor darle la leche tal cual estaba, sin aditivos.

—No puedo permitirme comprar leche con estos precios tan disparatados. Engaño al bebé con el agua edulcorada para que se duerma y, cuando se despierta, le hago beber de nuevo para que se vuelva a dormir —me dijo.

No supe replicarle. Cuánto nos duele que nuestros hijos sufran todo esto… nada me parte el alma más que ellos. No tenemos energía ni fuerzas sin ti, oh, Dios.

* * *

Yo también soy como tú. Nada me agrada porque estoy muriendo, y no hay tiempo para llorar.

* * *

Nada en este genocidio me parte más el alma que los niños. Solo ellos han conseguido romperme el corazón. Todo lo demás habría sido soportable si ellos no fueran parte de esta sucia ecuación. Estos seres no son de este mundo, esta vida no les pertenece, no se merecen nada de esto ni son lo suficientemente conscientes para comprender por qué les está sucediendo. Mueren de formas impensables, de múltiples maneras, más numerosas que los colores de sus juguetes: sus cabezas son seccionadas del cuerpo, las casas revientan sobre ellos, los queman vivos en sus tiendas, les amputan los brazos y las piernas mientras juegan, se mueren de hambre, sus venas se congelan de frío, los matan en colegios, hospitales y calles, mientras van a comprar un juguete, los matan en las fiestas y en los momentos de felicidad, incluso en los funerales. Deberían tener casas, sueños y familias. Algunos nunca llegaron a soñar, nacieron en el genocidio y murieron en él. Y los afortunados serán huérfanos o necesitarán años de terapia psicológica que no vencerá el miedo que ha anidado en ellos. Lo que queda de nuestros hijos y de su risa despojada es el testimonio de todo: es la prueba de que debe vivir para que Palestina viva, toda Palestina.

¿Cuándo nos convertimos en mitad niños, mitad víctimas de los aviones? ¿Cuándo los brazos se convirtieron en meras sombras en la ventana? ¿Por qué ocurre todo esto?

¿Cómo han podido estas palabras llegar a convertirse en una frase con significado?

* * *

¿Habéis visto alguna vez una ciudad entera que desee morir? ¿Una que envidie a los muertos y diga:

«Qué suerte tiene el que murió». Una ciudad entera que ve su salvación en la muerte.

* * *

Sobre la masacre del restaurante tailandés:

Un amigo mío que trabajaba en el restaurante tailandés me cuenta que una chica y su amiga pidieron la pizza de la imagen. Dice que escuchó su conversación cuando la pidieron:

—¿Y qué si es cara? Cumplamos nuestro sueño y comamos esta *pizza* antes de morir, algo que nadie sabe cuándo pasará.

Dice que ha confirmado que una de ellas murió, mientras que desconoce el destino de la otra. Parece que a la *pizza* le falta un trozo. Pido a Dios que la chica cumpliera su sueño y pudiese comerlo antes de la matanza que ha segado hoy treinta y siete vidas.

* * *

Sobre la masacre del Café Al Baqa

El eslogan del Al Baqa era «Tu segunda casa», lo habíamos elegido nosotros porque puedo garantizar que, desde que abrió hace diez años, hemos pasado allí más tiempo que en nuestras propias casas. Allí, solíamos reír y crear recuerdos que nadie podrá borrar. Fue allí donde declaré mi amor a mi mujer, Wafaa, y donde le propuse matrimonio. Allí celebrábamos las fiestas. Mi hija Ayloul creció entre sus paredes. No sé por qué, pero ese lugar era distinto a cualquier otro de Gaza. Conocíamos a su dueño, sus hermanos, su familia. Conocíamos a los empleados, todos eran amigos nuestros. Incluso las caras que siempre veíamos nos eran cercanas, como si fuéramos una única familia que compartía comida, tabaco y conversación. Todo ello ofrecía una extraña sensación de bienestar al cruzar la puerta. Hoy, su estructura de madera fue completamente destruida por un misil israelí, que hizo añicos el último de nuestros recuerdos de Gaza. Amigos y empleados fueron asesinados: Atef, tan querido por mi hija Ayloul y amigo de todos, al que había visto justo una semana antes. Y Hadi, querido por todos. El pobre Humus y la bella Saher. También murieron nuestros amigos Ismail Abu Hatab, Omar Zeno y la artista Frans. Nuestra querida amiga Bayan resultó herida y treinta rostros familiares están ahora fundidos en el recuerdo, algunos cuyo destino sigue siendo desconocido. Hoy han desaparecido los lugares y las compañías que nos quedaban. No volverán, tampoco nuestra primera casa ni la segunda. Pero nuestro Al Baqa nunca se irá.

Desde que vi las escenas de la matanza de la cafetería, sus conversaciones me rondan la mente como si los tuviera delante y no se fueran nunca. Sus últimas risas me destrozan el alma, y sus historias acaban conmigo. Los imagino echando una partida de *al-shaddah,* bromeando sobre quién se comió a «Shayeb Al Kouba»[1], chinchando a un aficionado del Real Madrid tras varias derrotas consecutivas como las nuestras. Alguien se sienta fuera de la partida, esperando su turno para jugar al Trix, hablando con su novia sobre emigrar cuando termine la carnicería y de que no habrá bodas mientras esta continúe. Imagino a los que están a su alrededor, a quienes fueron a por una de esas bebidas tan preciadas con la hambruna, pensando «qué poco café queda». Visualizo sus sueños, su sed de vida, su mala suerte. Veo todo lo que una mente puede concebir, salvo que morirían de esa forma, con la metralla desgarrándoles el cuello estando allí sentados, encarnando *La última cena,* pero sin cena esta vez, sin la magia de Da Vinci, sin pincel alguno, tan solo la realidad de Gaza y los proyectiles de la secta más vil de la historia, bajo la mirada del mundo entero.

1. *Al-shaddah* es un juego de cartas por descarte. El *shayeb,* o el viejo, es el rey de corazones y determina al perdedor de la partida. Es un juego frecuente en Egipto, Líbano y el Golfo.

* * *

Cuando ves a esa niña por primera vez, parece que lleva una «garrafa de agua», pero en realidad lleva una carga mucho más pesada: la carga de una infancia perdida en colas, de una escuela transformada en campo de refugiados y de la imagen de su casa a punto de explotar por los misiles que impactan a su alrededor. Calles en silencio, desiertas, calles en las que no puede jugar a la rayuela porque sus amigos se han ido antes que ella. Todo esto te lleva a claudicar desde el primer momento. Y, aun así, esta preciosa niña era feliz entre tanta ruina, mientras este apestoso ejército, escudado tras la legitimidad internacional y la complicidad de los árabes, no quiere verla tratando de resistir, no quiere verla por nada del mundo. Quizás pasó sus últimos instantes pensando en el peso de la garrafa en sus diminutas manos y en la injusticia de este mundo ante sus derechos más básicos. Una garrafa bastó para tachar a esta pobre niña de terrorista solo por llevar agua. ¡Agua! ¡Oh, Dios! ¡Agua! Agua que se ha convertido en un crimen por el que los aviones castigan a una niña inocente que la transporta por la ciudad, la misma ciudad que hoy ha sido totalmente aniquilada en el cuerpo de esta niña.

EL PUESTO DE LIBROS

En un rincón del mercado, entre pilas dispersas de verduras y vendedores ambulantes que ofrecen calcetines y productos enlatados, se encuentra un pequeño puesto repleto de libros.

Tiene muchos títulos y de una variedad sorprendente: Ibn Jaldún, Albert Camus, Nietzsche, Dostoievski, Maquiavelo. También *El mito de Sísifo* estaba entre ellos, observando a los paseantes desde la cubierta.

¿Y qué decir del hombre del puesto? No guardaba parecido alguno con el «intelectual» que solemos imaginar. Sentado en una silla de plástico desgastada, fuma tranquilamente un cigarrillo, sin dar la más mínima señal de haber leído siquiera una de las páginas de esos libros. Esa incoherencia me llamó la atención.

Me acerqué, disfrazando la curiosidad de broma, y pregunté:

—Tío, ¿te has leído todos estos libros? Se rio y soltó:

—No, por Dios. No leo ni los periódicos. Pero me encanta hablar de ellos, como si fueran de mi familia. ¿Ibn Jaldún? Mi primo. ¿Camus? Un amigo. ¿Maquiavelo? ¡Uno de los nuestros! —continuó.

Yo me reí, pero mi curiosidad no hizo sino aumentar.

Me senté a su lado y le hice una pregunta que me pasó por la cabeza:

—¿Pero cómo? ¿Cómo conoces todos esos nombres e ideas si no lees?

Él suspiró, dio una larga calada al cigarro y respondió:

—Cuando mi hijo leía, siempre lo hacía en alto. Su voz me molestaba, porque leía constantemente. No se callaba nunca. A veces le bufaba, otras veces eran los vecinos quienes se quejaban.

Sonrió, el recuerdo pareció dolerle y animarlo al mismo tiempo.

—Pero escuchaba, cada día, cada libro, página a página. No lo entendía todo, pero memorizaba los nombres y conectaba las ideas, veía el mundo a través de su voz.

Me levanté para marcharme, diciéndole cariñosamente:

—Qué Dios os proteja a los dos, que tu hijo siempre te lea, que siempre seas tan culto.

—Por Dios, podría estar escuchándolo toda la vida, su voz era más potente que el megáfono... Si pudiera volver... — dijo con voz más pausada.

Me miró, con los ojos anegados en lágrimas:

—Solía comprarnos verduras en este mercado, me ayudaba y me leía tanto si yo quería como si no. Un día, bombardearon la tienda. Se fue. Se fue, dejándome solo. Sin nadie que me lea. Sin nadie a quien reñir. Sin nadie del que burlarme por su voz sonora.

Se calló y luego señaló los libros que lo rodeaban:

—Estos son sus libros. Los que recuperamos de nuestra chabola. Es lo que queda de él. Y, ahora, aquí estoy, vendiéndolos.

El dueño del puesto de libros no lee. Y su hijo… tampoco.

NADERA MUSHTHA

Nadera Raied Mushtha tiene veintidós años y es una poeta y escritora del barrio gazatí de Shujaiya. Su origen familiar está en Gaza.

Cuando empezó la invasión en el otoño de 2023, Nadera acababa de empezar su tercer año en el Departamento de Magisterio en Lengua Inglesa de la Universidad Islámica de Gaza, donde era alumna del poeta Refaat Alareer.

Prácticamente todos los colegios de Gaza han sido destruidos por la agresión israelí, así que Nadera ha estado impartiendo clases de inglés a los niños de su barrio. Los dos poemas seleccionados para esta colección han sido previamente publicados en *We Are Not Numbers.*

ANTES DE DERRUMBARSE EL TEJADO

Érase una vez
en la que había mañanas
y los coches circulaban junto al mar,
los pájaros cantaban en las copas de los árboles
y las palomas revoloteaban entre las nubes.

Un lugar lleno de peces y personas.

Una mujer de pie,
indecisa, trataba de elegir lo mejor
para la fiesta de henna de su hija, faláfel, *zaatar*
y aceitunas,
en platos sobre mesas en la arena dorada de
nuestra playa
para la familia y los amigos, observando a los
pescadores,
sus barcas meciéndose en las olas. Había
estudiantes,
de camino al colegio, a veces bajo la lluvia,
y otras bajo árboles en flor; la voz de Fairuz
emanaba
de las ventanillas del coche.

Había chicas que escuchaban canciones por la
mañana y niños que reían
al cruzar la carretera.

El olor a café bailando en el aire, pan, *qirshala*
y pasteles.

Una ventana ancha y blanca
y un anciano cuidando las plantas.

Un olivar y naranjos,
una mujer recogiendo hojas de parra, una
guirnalda con luces de arcoíris
colgando de los muros
mientras hombres, niños y niñas bailaban la *dabka*
alrededor de largas mesas con brochetas, *maftúl*
y *fatta*
en la boda de un vecino.
Risas, bromas, abrazos
y la piel suave del rostro de nuestras abuelas
mientras nos miraban
jugando juntos, juntos en las fotos,
juntos bajo el mismo techo.

Entonces llegó la noche,
y la catástrofe cayó sobre nosotros.
En realidad, comenzó por la mañana
pero en nuestros corazones ya había anochecido.

Nuestras playas ahora están vacías, no hay pájaros,
ni nubes de verdad, ni árboles
ni casas ni familias ni abuelas

bombardearon el tejado
que un día nos dio cobijo a todos.

HACIA EL ESTE

En los días fríos de febrero, cuando las nubes a veces descargan la llovizna y otras no, el viento azota los frágiles cuerpos allí reunidos. Él se sentó en cuclillas y juntó las palmas de las manos frotándolas frenéticamente y soplando sobre ellas todo el calor que le quedaba dentro. Los disparos caían con la misma intensidad que la lluvia, pero a él no le importaba lo más mínimo.

Había venido de un lugar lejano, caminando, un paso tras otro, desde su casa cuando los primeros rayos del alba comenzaban a tejer el cielo. Partió sin luz ni preocupaciones.

Siguió caminando, mientras su corazón palpitaba con cada recuerdo de sus tres hijas pequeñas, a quienes la guerra les había robado la risa. Solo le quedaba una y se aferró a ella con la esperanza de que su corazón encontrara algo de paz, aunque sabía que eso nunca sucedería.

Cada vez que los ojos del padre se cruzaban con la mirada oscura de su hija, él veía los rostros de las tres fundidos en sus rasgos apagados. En vez de consuelo, sentía que el dolor crecía y ardía con más fuerza en su interior. Él era todo lo que ella tenía, y ella era todo lo que le quedaba.

Por fin alcanzó el lugar donde iban a llegar los camiones con ayuda humanitaria. Para entonces, ya se había hecho de día. Una multitud incalculable de hombres, jóvenes y viejos había llegado antes; había incluso ancianos que no tenían hijos porque los habían perdido en las sucesivas guerras.

No se movió nadie, todo el mundo aguardó con la esperanza de recibir aunque fuera un bocado para aplacar el hambre y el rugir del estómago. Cualquier cosa, hasta una lata de alubias, les hubiera hecho sentirse ganadores del mundo entero.

Y así, se acuclilló y esperó.

Durante horas, contempló a un joven que estaba absorto en sus pensamientos, mirando hacia el este. Tenía el pelo revuelto y los ojos hundidos y ojerosos. A pesar de que era febrero y había tormentas, llevaba ropa de verano.

Se sentó cerca mientras se preguntaba si sería él o alguien que simplemente se le parecía.

Dudó mucho tiempo antes de atreverse a preguntar, atenazado por un miedo que no podía explicar.

Aunque se asombró de su propio temor, no podía evitarlo. Pensaba en ese joven abandonado a la fuerza en algún lugar lejano, cuyo frágil cuerpo se hundía bajo el peso de la nada y de todo a la vez.

De nuevo, le asaltó la pregunta: ¿era Qasim, el hermano de un amigo suyo, o no? Y si lo era, ¿por qué parecía otra persona completamente diferente?

La última pregunta golpeó a Montaser como si fuera un martillo, acallando la batalla que se libraba en su mente y derribando el muro de la vacilación y el miedo. Casi sin darse cuenta, las palabras se escaparon de sus labios:

—¿Qasim?

El joven no reaccionó, perdido en la bruma de sus pensamientos.

—¡¿Qasim?!

Seguía sin reaccionar. Su débil cuerpo parecía haber perdido toda fuerza. Quizás esa debilidad era lo que le impedía responder o pronunciar siquiera una palabra.

Montaser agitó las manos ante los ojos apagados y sin vida de Qasim.

—¡Eh! ¿Qué te pasa?

Se movió un poco, cambiando de postura después de casi quedarse dormido sobre los cascotes de la calle. Giró la cabeza hacia un lado y finalmente lo reconoció.

—¿Qué te pasa, Qasim? No respondes a mis preguntas. ¿Te ocurre algo?

Qasim bajó la mirada y arqueó los labios ligeramente. Con tono distante, masculló:

—Nada.

—¡¡Qasim!!

—¿Qué quieres que diga?

—¿Dónde están Saber y Nayi? ¿Por qué no están contigo?

Levantó la mano izquierda como si fuera a lanzar algo al aire helado, pero esta cayó por su propio peso, raspándose contra una piedra del suelo. Brotó sangre de la herida, pero no pareció importarle a ninguno de los dos. Desvió la mirada hacia el este, fija e inquebrantable.

De una garganta sofocada por la flema y el dolor, estalló un grito ronco:

—¡¡¡Qasim!!!

El estruendo de los disparos resonó a su alrededor, cada vez más fuerte, pero ambos permanecieron inmóviles.

—¡Qasim! Dime qué pasa, ¿qué te ha ocurrido? ¿Dónde está Nayi?

—Está muerto.

El rostro de Montaser se desencajó en un instante. Cayó hacia atrás desde su posición acuclillada, tambaleándose como golpeado de repente por una ráfaga de viento. Durante varios minutos, se hizo un silencio denso, solo interrumpido por el sonido de los disparos, por las gotas de agua que caían del borde de una lámina de hojalata, una a una, sobre el rostro de Qasim, y por el rugido lejano de las furiosas ametralladoras devorando vidas invisibles.

—¿Cuándo? ¿Cómo?

—Fue a llenar la jarra de agua, y las balas le atravesaron la cabeza, el corazón… todo el cuerpo.

Saber corrió a salvarlo, se arrojó sobre él y murió con él. Su paciencia también murió con él. La voz de Qasim era fría y distante.

—¡¡Saber!!

—Y mi madre, Montaser…

Una vez más, los engulló el silencio. Pasaron una hora sin hablar, mirándose de vez en cuando, diciendo con los ojos lo que no podían expresar las palabras. Sus miradas se perdieron en el tiempo, en la calidez de días ya lejanos, en los callejones del barrio, en las historias nocturnas bajo las estrellas, en los paseos por la playa y las barbacoas, en el eco de la música de meditación y en las partidas de ajedrez en mesas desgastadas. En todo. En todo.

Qasim rompió el silencio por fin.

—Mi madre... eh... vio a Saber y a Nayi desplomarse ante sus ojos. Gritó hasta que casi se le quebró la garganta. Corrió a salvarlos... mi madre... eh... cayó con ellos. Los tres. Un montón de cuerpos... eh... tres, justo delante de mí. ¡Tres! ¿Quién soy ahora? ¿Acaso me ves? ¿Sigo aquí? Eh... ¡Tres! ¡Tres!

Sus palabras se disolvieron en lágrimas.

—Iban a casarse el sábado, el mismo día en que comenzó la guerra. Ahora son novios en el cielo, unidos allí con sus novias. Y mi madre, Montaser... Me he quedado solo. Solo, Montaser, me he quedado solo...

El ruido de las bocinas de los camiones se hizo más potente en el cruce, mezclándose con los disparos que los seguían. La gente corría en medio del caos, el mundo se había vuelto del revés. Qasim salió de su aturdimiento, se puso en pie y se sacudió el polvo y las piedrecillas de su ropa gastada. Dejó atrás el pasado y se dijo a sí mismo que empezaría de nuevo, que viviría otra vida, aunque sabía que era mentira. Como un fénix, se subió al primer camión y empezó a lanzar cajas a la multitud, a la gente hambrienta, a sus sueños.

Desde arriba, llamó a Montaser con una esperanza risueña y la voz clara:

—¡Aquí, Montaser! ¡Para tus hijas, cógelo, cógelo!

Los ojos de Montaser siguieron la caja mientras esta se bamboleaba entre las manos de la multitud. Qasim, radiante, parecía haberlo olvidado todo: a sí mismo, el dolor, el hambre, la tristeza. Lo olvidó todo. Para siempre.

* * *

Cuando se llevaron la última caja, lo encontraron tirado en el suelo del camión.

Nunca más estaría solo.

* * *

UNA NUEVA GAZA

Escuché mi voz
entre la guerra y la muerte
preguntándome si era un fantasma
para que la muerte no me encontrara
y me hiciese ascender con ella
a nuestro lugar de paz
donde la ciudad se junta
en paz, en calma…
en una nueva Gaza sobre nosotros,
en el Paraíso.

¡Oh, muerte!
¿No me ves? ¿No me encuentras?
Estoy aquí
vagando entre las ruinas
de la casa de mis vecinos.
¿Acaso no me encuentras?
Soy la chica gris que te llama
entre las cosas grises.

¿No me oyes?

Llévame con los niños que ríen
sobre el regazo de sus abuelos,
donde las casas nuevas son de oro
y no pueden ser bombardeadas,
donde fluyen ríos de leche y miel
que nunca se convertirán en sangre…

donde estemos juntos
en nuestra nueva Gaza en el Paraíso
donde nadie pueda matarnos.
¡Oh, Muerte!
¿No me ves?

ADNAN SKAIK

Adnan Skaik tiene veinticuatro años y es un estudiante de último curso de Medicina en la Universidad Islámica de Gaza. Nacido y crecido en la Ciudad de Gaza, ha sido testigo de la devastación de su comunidad bajo los constantes bombardeos y desplazamientos, lo que ha marcado su perspectiva como ciudadano y futuro médico. Su experiencia no se reduce al aula, ya que ha colaborado como voluntario en los servicios de urgencias del Hospital Al-Shifa y del Hospital Bautista, donde experimentó en primera persona la presión insoportable que sufre el sector sanitario de Gaza durante el genocidio.

Adnan quiere que el mundo conozca la realidad que ha vivido como gazatí en medio de esta tragedia. Su voz encarna al mismo tiempo testimonio y resistencia.

UNA VIDA ENTREGADA A UNA CAUSA JUSTA

Solo se vive una vez, y si no dedicamos la vida a objetivos nobles y causas justas, entonces la estamos desperdiciando.

Me llamo Adnan Skaik, tengo veinticuatro años y soy un palestino de Gaza, donde nací y me crie. Estoy en mi último año de Medicina en la Universidad Islámica de Gaza.

La guerra comenzó en octubre de 2023, cuando Israel arrasó indiscriminadamente con todo a su paso: personas, árboles y piedras. Barrios enteros fueron devastados; hombres, mujeres, ancianos y niños fueron asesinados en lo que solo puede calificarse como un genocidio sin precedentes en la historia moderna.

El mundo observó en silencio, presenciando en directo desde la pantalla la matanza de una población entera, sin hacer nada para detener las atrocidades de un invasor armado hasta los dientes.

Cuando la guerra empezó, acababa de iniciar mi quinto año en la Facultad de Medicina. Me esforzaba para graduarme, llegar a ser médico y atender a mi gente, especialmente en Gaza, donde vivimos una guerra tras otra en un bucle infinito.

Los primeros días de la guerra fueron brutales, como siguen siendo hoy. Los bombardeos hacían temblar la tierra bajo nuestros pies. El cielo se llenó de aviones y drones. La muerte se cernía sobre nuestras cabezas y todos esperábamos nuestra hora. Cada aliento parecía que fuera el último.

No tardaron en llegar las órdenes de evacuación de las fuerzas de Ocupación para abandonar la Ciudad de Gaza y el norte de la Franja con el fin de tomarlas, desplazando la población hacia el sur, a una zona que falsamente denominaron «segura». Estas advertencias llegaban acompañadas de una lluvia interminable de miles de toneladas de bombas sobre civiles indefensos. No existía la más mínima seguridad, ni en el norte ni en el sur.

Nosotros decidimos quedarnos y tuvimos que trasladarnos de un lugar a otro dentro de la Ciudad de Gaza, como muchos otros que se negaron a abandonar su tierra. Pero estas decisiones tienen un precio muy alto. Los ocupantes cortaron el suministro de alimentos, agua y medicinas. Asesinaron a médicos, sanitarios, periodistas y a los miembros de los equipos de salvamento, a cualquiera que osara ayudar a los demás. Hospitales, escuelas y calles fueron reducidos a escombros.

En diciembre de 2023, las tropas israelíes nos sitiaron durante cuatro días antes de asaltar y demoler la vivienda donde me encontraba. Los soldados, mucho más jóvenes que yo pero equipados con armas de última generación, nos arrestaron. Por un momento, pensé que nos ejecutarían allí mismo. Sin embargo, nos tuvieron detenidos durante horas antes de liberarnos.

Estuve totalmente cercado durante cuatro días. El sonido de los disparos y las bombas fue incesante durante el cerco, mientras el ruido de los vehículos militares y los soldados se escuchaba terriblemente cerca. No podíamos salir ni entrar, todos permanecimos encerrados donde estábamos, niños y adultos. Nadie se atrevía a moverse salvo para hacer sus necesidades. Se nos acabó el agua potable y nos vimos obligados a beber agua insalubre. Todos vivíamos cada día como si fuera el último.

Al quinto día, la intensidad de los bombardeos y las explosiones aumentó de repente. Mi familia, dieciocho personas incluyendo a mis tíos, sus hijos y nietos, estaba conmigo, todos hacinados en un espacio no mayor de dos metros cuadrados, sin poder movernos. Entonces, los soldados derribaron con buldóceres la valla de la vivienda, asaltaron los pisos superiores e irrumpieron en el apartamento en que estaba. Eran muy numerosos y estaban armados hasta los dientes con equipamiento avanzado frente a civiles indefensos. Preguntaron cuántos éramos y nos pusieron en fila contra la pared, como preparándose para fusilarnos. Nos apuntaron con sus armas, pero no dispararon. Aun así, aterraron a los niños, a las mujeres y a todos nosotros.

Conté más de treinta vehículos militares en la carretera mientras me llevaban hacia el centro de interrogatorios. El camino estaba arrasado, los edificios de la zona se encontraban en ruinas, y vi con mis propios ojos cómo los soldados prendían fuego a las casas. Me detuvieron a mí y al resto de hombres de mi familia, nos desnudaron bajo el frío helado del invierno, nos ataron y golpearon. Finalmente, nos soltaron.

Tanto mis estudios como la formación hospitalaria se interrumpieron en seco. La educación en Gaza se paralizó. En enero de 2024 me ofrecí como voluntario en el servicio de urgencias del complejo médico Al Shifa, donde la grave falta de personal hacía imposible atender la abrumadora cantidad diaria de muertos y heridos.

Empecé ayudando a los especialistas de urgencias, aprendí de ellos y, poco a poco, empecé a tratar pacientes por mi cuenta, haciendo todo lo posible en un momento en el que ayudar a nuestra gente era un imperativo moral. Si puedes ayudar y no lo haces, estás obrando mal.

Así estuve hasta marzo de 2024, cuando el Al Shifa fue asaltado de nuevo. Aquel día, justo había terminado mi turno. Enseguida nos llegó la noticia de que las fuerzas israelíes habían rodeado el hospital, entrado en él a la fuerza e interrogado a todo el mundo: personal médico, pacientes y desplazados. Detuvieron a muchos, a los que desnudaron, golpearon y sometieron a las peores humillaciones, vulnerando toda ley internacional sobre protección de civiles y personal sanitario.

Recuerdo a un internista que, tras ser liberado, recibió un disparo en la mano tan grave que casi la perdió por completo. Sangraba sin parar y a duras penas consiguió llegar a otro hospital para que lo operasen. A otro médico voluntario lo soltaron para momentos después dispararle en la mano y volarle el pulgar, antes de ser detenido de nuevo durante cuarenta y cinco días y someterlo a torturas indescriptibles.

Los equipos médicos que quedaron atrapados dentro del hospital Al Shifa durante el asalto vivieron una experiencia angustiosa que jamás podrán olvidar. Fueron maltratados, apalizados, detenidos y humillados. Vieron cómo el hospital, el lugar donde estudiaron, se formaron y cuidaron a los heridos fue destruido e incendiado ante sus propios ojos. Los dejaron sin comida ni agua, y se les negó la medicación a los heridos. Muchos murieron por este motivo, y se cavaron fosas comunes en el recinto del hospital.

Cuando por fin se fueron las fuerzas de Ocupación, después de quemar y destruir el hospital, acudí corriendo. No pude soportar la escena, una imagen que me acompañará para siempre. Sentí una profunda tristeza al ver el destino del lugar donde empecé mi carrera médica, donde me formé y fui voluntario. La Ocupación criminal y la complicidad del mundo hicieron que ni el derecho ni los convenios internacionales pudieran protegerlo, del mismo modo que antes ya habían fracasado a la hora de proteger a las personas.

Nos reubicaron en el hospital Bautista. Cada vez que la Ocupación destruía un hospital, nos íbamos a otro, decididos a seguir curando a los heridos a pesar del constante peligro, la escasez de suministros y la decreciente plantilla médica.

En medicina, hay protocolos para las urgencias y la atención en tiempo de guerra, pero a lo que nos enfrentamos en Gaza va mucho más allá de cualquier protocolo. Aquí, los médicos obran milagros en condiciones imposibles.

En julio de 2024, las facultades de medicina decidieron retomar las clases y las prácticas hospitalarias para que los estudiantes pudiéramos graduarnos y así reforzar el sistema de salud. Yo completé mi quinto año en enero de 2025 y comencé el sexto y último curso en abril de 2025, estudiando mientras seguía la actualidad informativa, buscaba alimento y agua para mi familia, hacía exámenes y vivía bajo la amenaza constante de otra invasión o matanza.

De hecho, escribo estas palabras mientras me preparo para los exámenes finales y la graduación, mientras la Ocupación amenaza con destruir lo que queda de Gaza y con matar o expulsar a sus habitantes. Sin embargo, seguimos proclamando que somos un pueblo que ama la vida, valora el conocimiento y lucha por sobrevivir y proteger nuestra tierra hasta el último aliento.

Escribo esto mientras sufro un genocidio en el sentido más estricto de la palabra. Confío en que este testimonio, escrito, fotografiado y documentado de todas las formas posibles, perdure como prueba irrefutable de los crímenes que aquí se han perpetrado y como testimonio del derecho de los palestinos a vivir en paz y seguridad. Puede que el mundo solo esté viendo fragmentos de nuestro sufrimiento, pero registrarlo sigue siendo esencial tanto ahora como para las futuras generaciones.

Ignoro si cuando se lean estas líneas, seré médico o mártir. En cualquier caso, descansaré sabiendo que traté de transmitir mi mensaje y el mensaje de otros muchos al mundo entero. Rezo para que esta guerra termine pronto y para que Gaza conozca algún día una paz duradera.

AHMED ABU AMSHA

Ahmed Abu Amsha, originario de Beit Hanoun y nacido en el seno de una familia de músicos, ha dedicado su vida a la enseñanza y la creación artística. Antes de la guerra, era profesor en el Colegio Internacional Americano de Gaza y en el Conservatorio Nacional de Música Edward Said, además de dirigir su propio estudio de grabación. Hoy, tras perder su hogar y ver su estudio reducido a escombros, es coordinador de actividades en el conservatorio y lidera Los pájaros cantores de Gaza, un coro de niños desplazados que hallan en el canto un refugio frente a la devastación. Para Ahmed, la música no es solo un oficio, sino el patrimonio de su familia, un lenguaje de resistencia y esperanza que le permite preservar la memoria, sanar heridas y sembrar futuro en medio de la adversidad.

LOS PÁJAROS CANTORES DE GAZA

¿Qué significa la música para mí? La música es nuestro refugio más preciado, es la luz que brilla entre la locura y la desesperación de la guerra. Es el bálsamo que sana las heridas de nuestra alma y la de nuestros hijos, porque transmite dicha, amor y felicidad entre las frágiles paredes de los campamentos de refugiados. Cuando nos juntamos, el tiempo se suspende y, por un fugaz momento, los horrores de la guerra se disuelven en los acordes. En esos momentos, insistimos en nuestra misión: curar a los niños y, a través de ellos, a nosotros mismos.

Me llamo Ahmed Abu Amsha. Antes de la guerra, enseñaba en el Colegio Internacional Americano de Gaza y era un humilde profesor de guitarra en el Conservatorio Nacional de Música Edward Said. Hoy, ejerzo de coordinador de actividades en el conservatorio y como fundador de la iniciativa Los pájaros cantores de Gaza, un coro de niños desplazados que cantan y tocan a pesar de la sombra implacable del conflicto. Nací en Beit Hanun, donde fui acunado por las melodías de una familia de músicos. Las cuerdas de la guitarra de mi padre fueron las primeras en enseñarme el lenguaje de la música. Antes de la guerra, tenía un estudio de grabación donde el canto de los niños convivía con artistas reconocidos y donde veían la luz vibrantes anuncios de radio. Pero todo eso se redujo a cenizas una noche, cuando a las tres de la madrugada llegó la orden de evacuación que destrozó nuestro mundo. Nos fuimos con las manos vacías, dejando atrás nuestro hogar y el estudio sepultado bajo los escombros.

De Yabalia nos fuimos a Al Naser, y de ahí, a Al Shifa, Jan Yunís y Rafah. Nos convertimos en sombras que deambulaban por los refugios de la UNRWA. La música parecía un sueño lejano, enterrada bajo el peso de la supervivencia. Hasta que un día, como si fuera cosa del destino, toqué la guitarra de un amigo en un refugio de artistas, y en torno a mí se sentaron niños con ojos llenos de esperanza y voces dispuestas. En ese fugaz instante, se reavivó la llama de la música, convirtiéndose en un salvavidas no solo para ellos, sino también para mí. De esta forma, cuando nos juntamos, nos evadimos momentáneamente de la guerra, dejando que la música sea nuestro refugio y el santuario en el que curar nuestras heridas.

Me puse en contacto con el Conservatorio Edward Said, cuyo apoyo fue inmediato e incondicional. Nuestro humilde proyecto floreció y se incorporaron varios compañeros, como Ismail Dawood (laúd y coro), Bilal Abu Al Anzeen (percusión), Osama (ney) y yo mismo (guitarra y coro). Recorrimos juntos los campamentos, buscando perlas desconocidas de talento joven. A día de hoy, contamos con doscientos niños que cantan y tocan, haciendo de cada nota un rayo de esperanza en la noche sin fin, continuando nuestro propósito de curar los corazones destrozados por la guerra.

Entre estas almas resplandecientes se encuentra Bayan al Jabt, de solo quince años, cuya voz posee una belleza cautivadora mientras las cuerdas de su guitarra cuentan relatos de resistencia. Ella es parte de la Banda Norte del Conservatorio Edward Said, una constelación de niños desplazados y unidos por la música. También está Ibrahim Hamdan, de dieciséis años y cuyo ney insufla vida a las melodías que calman su espíritu y lo protegen de los persistentes ecos de la guerra.

Nuestra misión es fundamental: plantar semillas de dicha y esperanza en el árido corazón de los niños para darles un salvavidas que los saque del ensordecedor estruendo de las bombas y la angustiosa oscuridad del exilio en tiendas de campaña. No hay mayor placer para nosotros que ver sus sonrisas, radiantes en medio del dolor y el miedo. Cuando nos juntamos, huimos del caos de la guerra, nos volcamos en la labor de curar tanto a los niños como a nosotros mismos a través del poder duradero y transformador de la música.

ASEM AL JERJAWI

Asem Al Jerjawi es periodista. Escribe para medios como *Al Jazeera*, *Middle East Eye*, *Washington Report*, *Palestine Chronicle*, *Palestine Nexus*, *Palestine in America*, *Morning Star*, *Prospect* y *Mondoweiss*. Vive en Gaza.

AGARRÉ A MI HERMANA POR LA CAMISETA HASTA QUE SE PRECIPITÓ

Dos horas bajo los escombros

Algunos de los relatos más sobrecogedores de Gaza no surgen del campo de batalla, sino de las ruinas de las casas que quedan borradas de un plumazo.

Es algo a lo que los supervivientes se refieren como un tipo distinto de guerra, que se desarrolla sin previo aviso, en plena noche. Es una guerra que asalta a los civiles mientras duermen y entierra a familias enteras bajo el peso de techos derrumbados y paredes destrozadas.

A las ocho de la noche del miércoles 13 de diciembre de 2023, Hala Al Jerjawi, de dieciocho años, se había refugiado junto a su familia en la casa de los Karira, en el barrio gazatí de Al Bandar. Apiñados en una habitación para protegerse de los cada vez más intensos bombardeos israelíes, el refugio se convirtió súbitamente en su tumba.

Sin advertencia previa.

—Ocurrió de repente, mi madre estaba hablando y, en un segundo, se hizo la oscuridad y el cuarto se llenó de gritos y polvo —recuerda Hala.

—El suelo se abrió bajo nuestros pies y sentí que me precipitaba.

En cuestión de segundos, el edificio de cinco plantas desapareció, sepultando a todo el que había en su interior bajo capas de cemento, polvo y escombros.

Enterrados vivos.

Cuando el misil impactó, Hala se encontraba junto a su madre y su hermana Huda, de veinte años. Cuatro pisos cayeron sobre ellas en un abrir y cerrar de ojos.

—Sentí que la tierra nos tragaba. —cuenta Hala.

—Cuando el techo se desplomó, vi cómo Huda se precipitaba por un profundo agujero bajo mis pies. La agarré de la camiseta, tratando de rescatarla, pero se me escurrió entre las manos.

Hala yacía sepultada por los escombros, aprisionada por un armario de madera que le desgarró la espalda. El polvo saturaba el ambiente. Únicamente podía oír el sonido del derrumbamiento. Y, luego, silencio.

El armario de madera le atravesó la piel.

—Sentí cómo la madera se clavaba en mi cuerpo, seguida del peso aplastante de los escombros que había encima.

Estas son escenas trágicamente habituales en Gaza. El Registro Civil palestino indicó que más de 1200 familias han sido completamente arrasadas por los ataques israelíes, sin que haya sobrevivido ningún miembro. Otras 3400 han perdido prácticamente a todos sus miembros. El Ministerio del Interior gazatí cifra en 14000 el número de personas que permanecen bajo los escombros y a las que se da por muertas[1].

1. Todas las cifras son a fecha de 30 de junio de 2025.

Los gritos de los supervivientes emergen de las ruinas.

Los sentidos de Hala se aguzaban a medida que el tiempo corría bajo los escombros. En total oscuridad, buscaba a su alrededor, tratando de encontrar a alguien o algo.

—Palpé a mi alrededor. Toqué una pierna, luego una mano, pero estaban frías —recuerda Hala.

—No sabía si quedaba alguien con vida. Se aferró a la esperanza.

—Recé a Dios para que me salvara —Hala abrazaba a su hermana pequeña—. Parecía que estaba en una tumba, aunque viva. Todos los que estaban en el cuarto habían muerto —continúa—.

Se ayudó de un trozo del armario para picar en una grieta del cemento, hasta que se filtró un pequeño rayo de luz. Por fin, escuchó una voz del exterior.

—¿Hay alguien vivo?

Atrapada bajo los escombros, con el cuerpo aplastado y, respirando con dificultad, Hala Al Jerjawi logró gritar, aferrándose a la esperanza de que alguien la oyera.

—¡Estoy aquí!

No era un simple grito de auxilio, sino un grito por la vida.

Sara Al Jerjawi, de cinco años, estaba en los brazos de su madre cuando cayó la bomba.

—La explosión lanzó a Sara contra mí— señala Hala—. Respiraba con dificultad porque el polvo nos asfixiaba.

Yazan Mushtata, de siete meses, logró sobrevivir. Su madre, que le estaba dando el pecho en el momento del impacto, murió en el acto.

Los equipos de rescate las sacaron con vida, primero a Hala, luego a Sara y, finalmente, al bebé. Ellos tres sobrevivieron, pero el resto murió.

Un hospital lleno de sufrimiento

La llegada al hospital de Al Bandar no supuso un alivio ni evitó que la pesadilla siguiera adelante.

—Allí vi a mi hermano Yehya —continúa Hala—. Tenía la cabeza partida de oreja a oreja. Se le veían los huesos de la pierna. Tenía los pies despellejados. No paraba de sangrar.

Los suministros médicos se agotaban, y no había puntos de sutura.

—Le vendaron las heridas con gasas —relata—.

Al poco tiempo llegó su padre, Marwan Al Jarjawi, de cincuenta años. Hala lo reconoció al instante por la ropa que llevaba, no por su cara.

—Me preguntó si habían rescatado a alguien. Estaba asustado, pero consciente —añade—.

Los dos fueron trasladados al servicio de cuidados intensivos del hospital Baptista, pero no fue suficiente.

—Ambos se desangraron. No había médicos ni material sanitario suficientes. No pudieron salvarlos.

UNICEF calcula que cerca de un millón de niños en Gaza necesita asistencia psicológica. Cuando los trabajadores humanitarios describen a los niños, hablan de cómo se agarran al personal de los equipos de rescate, de cómo algunos han dejado de hablar o se muestran visiblemente retraídos. Muchos niños reviven sus traumas a cada nueva explosión. El Comité Internacional de Rescate ha identificado casos de niños que se orinan encima con el sonido de los bombardeos, mientras que Médicos Sin Fronteras ha registrado episodios de ansiedad en los que los niños se tiran del pelo y se muerden a sí mismos.

Sara, que sufrió un desgarro en el párpado como consecuencia de la explosión, no dijo ni una palabra en la semana posterior a su rescate.

—Solo gritaba. Se quedaba petrificada y gritaba en cuanto alguien se acercaba.

Sobrevivir sin familia

Hoy, Hala y Sara viven solas, huérfanas, como consecuencia de una guerra que ha convertido Gaza en un cementerio. Su madre y su hermana Huda siguen bajo los escombros. Su padre y su hermano yacen en tumbas poco profundas, uno al lado del otro.

—Cada día me despierto deseando haber muerto con ellos— asegura Hala—. Éramos una familia. Teníamos sueños, nos teníamos los unos a los otros. Todo se derrumbó en un instante.

Ahora, solo cargan con el recuerdo y el trauma.

—Los recuerdos me persiguen. Las risas, las cenas, los pequeños momentos. Ahora, todo es silencio, y yo no paro de preguntarme: ¿por qué yo?

Su historia refleja la realidad de Gaza, donde la destrucción es prácticamente total. Naciones Unidas calcula que cerca de 160 000 casas han sido destruidas o son inhabitables. Otras 276 000 viviendas tienen daños severos.

El silencio del después

Después de caer las bombas y de asentarse el polvo de los escombros, a los supervivientes de Gaza solo les queda el silencio. No encuentran la paz, solo la ausencia de las voces otrora tan familiares.

—Vivimos sin nuestra familia —lamenta Hala—. Cargamos con ese dolor todos los días, mientras tratamos de avanzar, cargando el peso de los muertos a nuestras espaldas.

Los equipos de rescate siguen desescombrando. Muchas familias no aparecerán nunca, mientras que otras serán enterradas juntas. Los supervivientes caminan sobre las ruinas buscando no solo cuerpos, sino también sentido.

En Gaza, la supervivencia no es el desenlace, es el comienzo de una historia aún más dura.

LAS COLAS A VECES TERMINAN EN SANGRE

La cola se formó al amanecer. Algunos llevaban bolsas vacías.

Otros, cazuelas. Y otros, nada más que esperanza.

Cuando llegaron las balas, muchos ni siquiera corrieron.

¿Adónde iban a ir?

En Gaza, hasta el hambre es una presa.

La esencia de esta guerra es un nuevo tipo de frente bélico en el que no se enfrentan soldados, sino hambrientos contra supervivientes. Las colas para recibir ayuda, diseñadas para alimentar a las familias, se han convertido en zonas de muerte. Puede que las llamen «puntos de distribución», pero más bien parecen tumbas a cielo abierto.

Lina lo sabe. Su primo nunca volvió de Zikim. Estuvo esperando siete horas para obtener harina. Solo portaba dos sacos vacíos y una botella de agua.

Sin embargo, ahora Lina solo escucha rumores. El runrún de que podría haber arroz cerca, o lentejas, o quizás nada de nada. Ya ha dejado de preguntar lo que traen.

—Nos limitamos a preguntar quién muere al ir a por ello.

Lina se sienta con las piernas cruzadas en el suelo. Amal, su hermana pequeña, se aferra a un trozo de pan seco como si fuese algo especial.

—Nunca se lo come todo —dice Lina mientras se sacude las migas del regazo—. Siempre guarda algo por si no hubiera nada mañana.

Las colas en los puntos de distribución de ayuda se montan en cuanto se divisa un camión. La gente corre en su dirección, descalzos o en chanclas, llevando sacos, ollas o botellas vacías. Los drones llegan en cuestión de minutos.

Unas veces disparan. Otras, solo observan.

Y otras veces la gente simplemente muere, pisoteada, aplastada o acribillada con las manos extendidas.

Cuando la comida se torna en muerte, se convierte en un arma que va más allá del hambre.

Mohammed, del norte de Gaza, envío una vez a su hijo adolescente tras oír que iba a repartirse azúcar en Deir al Balá. El camión nunca llegó. Su hija Rosa le había pedido que consiguiera algo dulce. No lo ha vuelto a hacer.

—No han vuelto a llorar pidiendo chocolate —dice Mohammed—. Saben que no se puede conseguir, lo entienden.

Eso es lo que más daño le hace, no el hambre, sino el hecho de que sus hijos ya no pidan nada.

Hoy en día es de afortunados hacer una comida al día. Pan, si se consigue harina. Pasta, si alguien la comparte. No hay aceite ni sal. Tampoco verduras.

—He intentado hacer tortas de lentejas —comenta Mohammed—. Mezclo agua y sal y rezo para que les llene el estómago.

Rosa, que tiene cinco años, ha perdido cinco kilos. Contrajo una infección bacteriana en uno de los refugios. Necesita alimentación terapéutica tipo Plumpy'Nut o fórmulas para desnutrición y otros suplementos. Pero ya no hay nada de eso.

—Incluso si lo hubiera, no lo conseguiríamos, al menos no sin contactos —se lamenta Mohammed.

A finales de mayo de 2025, grupos humanitarios concluyeron que casi seis de cada cien niños examinados en Gaza sufrían emaciación, una forma de malnutrición aguda que puede derivar en muerte si no se trata a tiempo. La agencia Reuters lo confirmó más tarde: la malnutrición infantil prácticamente se triplicó tras el alto el fuego de febrero. Ese mismo mes, murieron veintinueve niños y ancianos por causas relacionadas con el hambre.

Nadie diría que Nema tiene cuatro años. Es más pequeña de lo que corresponde a su edad, mucho más pequeña, y siempre está cansada.

—Se marea todo el rato —suele comentar Lina—. Últimamente está muy pálida.

Los niños susurran entre ellos.

—Quiero pollo —dice Haneen.

—Quiero dormir en mi cama —responde Jude.

—Cuando tengo hambre, bebo mucha agua y me duermo —comenta Majd.

Sus sueños se han reducido a la comida.

El padre de los niños, Abu al Majd, trabajaba en la construcción. Ahora pasa los días sentado sin hacer nada.

—Antes, los viernes eran días de pescado o pollo. Ahora, no me puedo permitir ni una galleta —lamenta con la voz rota—. Vuelvo a casa con las manos vacías y ahí siguen, esperando.

El Programa Mundial de Alimentos confirmó que, a 20 de junio, más de dos millones de habitantes de Gaza sufrían hambre severa. Más de 70000 niños necesitaban alimentación vital, pero el cierre de los pasos fronterizos y los ataques a los convoyes reducen la ayuda de promesa a rumor.

Cuando llega la ayuda, el reparto es desigual.

—Algunos centros de distribución consiguen comida, otros no. Se vende hasta el agua —afirma Lina.

No hay electricidad ni medicinas, tampoco dignidad. Los niños tienen que cruzar aguas residuales para llegar a los camiones. Regresan con sarpullidos, infecciones y las manos vacías.

No es una hambruna circunstancial. Tiene su arquitectura y diseño.

Entre marzo y junio, entraron menos de cien camiones con ayuda en Gaza. La ONU dijo que se necesitaban 46000. No es por escasez, se convierte el hambre en política.

Hasta la propia ayuda es un objetivo.

Ataques aéreos de Israel asesinaron en mayo a los agentes de policía que protegían los convoyes. Sin protección, dejaron de avanzar. Algunos fueron saqueados, mientras que otros nunca llegaron a su destino. Al venirse abajo la coordinación, el hambre se acentuó.

El Libro negro de Gaza lo recordará: los niños no murieron de hambre porque se acabara la comida, sino porque les dispararon al intentar alcanzarla.

El cirujano estadounidense, Feroze Sidhwa, lo dijo alto y claro ante el Consejo de Seguridad de la ONU: «Los civiles no mueren únicamente en los bombardeos, mueren de malnutrición, infecciones y desesperación».

Gaza se deshace en silencio.

No todas las muertes hacen ruido, algunas llegan despacio, sobre piernas famélicas, con un hilo de respiración.

Amal, de dos años, acaricia su mendrugo como si fuera un juguete, aunque realmente no juega, sino que recuerda lo que sentía al saciarse.

Lina, mientras tanto, ajusta el pañuelo en la cabeza de su hija.

—Todo lo que quiero es que llegue el día en el que duerman con el estómago lleno, solo uno. Un día con *maftul*[2] y sin disparos. Un día en el que vuelva a plantar flores en mi balcón, en el que mis hijos vuelvan a reír.

Pero en Gaza, hasta la esperanza tiene que hacer cola. Y las colas, a veces, terminan en sangre.

2. Plato tradicional de la gastronomía palestina, extendido en el Levante, y servido acompañado de carne guisada y garbanzos.

Nur Ahmed abed

Nur Ahmed Abed es una estudiante de veintiocho años del Máster en Derecho Público de Gaza, actualmente radicada en Deir al-Balá. Es licenciada en Derecho *cum laude* y está profundamente comprometida con los derechos humanos, el derecho internacional humanitario y la investigación jurídica. Nur ha contribuido a iniciativas tanto locales como internacionales a través de su escritura, labor de compromiso e investigaciones, centrándose en generar conciencia sobre cuestiones sociales, jurídicas y humanitarias.

Nacida y criada en Deir al-Balá, Nur ha vivido allí desde su infancia. Durante el genocidio en curso, ha vivido desplazada más de un año en Nuseirat antes de regresar a su hogar dañado en Deir al-Balá tras el alto el fuego de enero. Después de realizar las reparaciones necesarias, ella y su familia se reasentaron y, actualmente, acogen en su casa a familiares desplazados de Gaza. Estas experiencias personales marcan profundamente su compromiso profesional y académico con las cuestiones humanitarias y jurídicas.

LA PRIMERA REGLA: LAS NIÑAS REIVINDICAN SU DIGNIDAD EN GAZA

El polvo asciende por las calles, y las paredes lucen las cicatrices de los bombardeos de la noche anterior, mientras el aire se colma de una tensión palpable. Esto es Gaza, una ciudad donde la supervivencia es el pan de cada día y la lucha por la dignidad nunca termina.

Mi razón de ser nunca se ha limitado a la simple supervivencia. Al haber nacido y crecido aquí, estoy convencida de que la vida tiene que ser algo más que aguantar, que debe vivirse con dignidad y con el ánimo de ayudar a los demás, aunque el mundo se empeñe en derribarnos. Mi misión consiste en crear espacios de esperanza y empoderamiento a través de la educación, el conocimiento y el compromiso. Cada artículo que escribo, cada clase que doy, cada pequeño acto de orientación es un hilo que sostiene la vida de mujeres y niñas que se esfuerzan por aferrarse a la vida en medio de un caos implacable.

En Gaza, nuestras voces a menudo son acalladas. Las mujeres alzan la voz con determinación para defender sus derechos, la educación de sus hijos y su humanidad, pero con demasiada frecuencia somos silenciadas no solo por la rigurosidad que se espera de nosotras, sino también por el ruido atronador de las bombas, los drones y los misiles que nos arrebatan vidas, extremidades y familias. A pesar del actual genocidio y de la negación sistemática de nuestros derechos, las mujeres de Gaza mantienen su educación, resiliencia y compasión. Incluso antes de la última ola de violencia, la tasa de analfabetismo en Gaza estaba por debajo del dos por ciento. Las mujeres gestionaban negocios, lideraban iniciativas comunitarias y protegían tradiciones culturales. Crearon espacios de independencia y creatividad frente a enormes dificultades.

La feminidad en Gaza es complicada. Algunas veces, parece una carga, un recordatorio constante de las expectativas sociales, la vulnerabilidad en una zona de guerra y el peso extraordinario de la supervivencia. Pero también es una revolución silenciosa, una fuente de fortaleza. Nuestra ternura, intuición y capacidad para el cuidado son poderes que se han forjado con sufrimiento y amor.

Pienso a menudo en Laura, una niña de doce años cuyo mundo se hizo añicos en un instante. Su madre murió en un bombardeo mientras buscaban refugio, dejándola sola con un padre sobrepasado por el dolor y el miedo. Cuando la visitamos para un trabajo de campo, estaba sentada tranquilamente y le costaba hablar. Su vocecita apenas alcanzó a decirme que sangraba y no sabía por qué. Era su primera regla. Le daba mucha vergüenza decírselo a su padre, y no había ninguna mujer adulta cerca en quien confiara para buscar consejo.

En Gaza, esta no es una historia aislada. Antes, madres, hermanas mayores o profesoras solían explicar estos cambios naturales, pero con la difícil situación actual, que ha separado a las familias e interrumpido la escuela, solo algunas afortunadas reciben orientación. Los productos sanitarios con frecuencia no están disponibles debido al cierre de las fronteras, y más de la mitad de la población son mujeres menores de dieciocho años que sufren una grave escasez de productos de higiene básicos. El miedo, la vergüenza y la confusión que sienten las niñas se agravan por la falta de atención a sus necesidades. Muchas susurran preguntas que no se atreven a decir en voz alta, deseando orientación y privacidad. La menstruación, una parte natural del crecimiento, se vive aquí en silencio y con acceso limitado a productos básicos. Comodidades que en otros lugares se dan por garantizadas, como una bebida caliente, una compresa o agua limpia, aquí son un lujo, y no tenerlas puede arrebatar a una niña su dignidad y autoestima.

Cuando Laura habló, percibí una valentía escondida bajo capas de miedo y tristeza. La llevamos al hospital, donde un médico comprensivo le explicó con mimo y paciencia los cambios en su cuerpo. Nunca olvidaré la expresión de alivio en su mirada, una mezcla de confianza, gratitud y asombro.

La paz que soñamos no es solo que no haya guerra, sino tener dignidad, libertad y justicia. Aunque las calles de Gaza estén llenas de escombros, la mayor devastación es privar a la gente de derechos fundamentales como la libertad de movimiento y el acceso a un sistema de sanidad, educación y seguridad. Lloramos juntos, mujeres, hombres, niños y ancianos. Juntos soportamos el hambre, el miedo, los desplazamientos y los bombardeos.

La reconstrucción de Gaza empieza por reconstruir las almas. No somos solo víctimas, somos supervivientes. Supervivientes que sueñan, resisten y están decididos a recuperar la vida, la dignidad y la esperanza, ladrillo a ladrillo, latido a latido. Cada palabra escrita, cada voz que se alza, cada iniciativa es un acto de resistencia contra la negación de nuestra humanidad. Son semillas de resiliencia esperando el momento de florecer, incluso en medio de las ruinas.

LO QUE IMPORTA ESTÁ ENTRE LETRAS

Su familia se había tenido que desplazar once veces, pero Zuheir seguía acudiendo cada mañana a la frágil aula dentro de una tienda de campaña, con la mochililla colgada del hombro. Sus ojos vivos de color avellana, enmarcados por gruesas pestañas, parecían cargar con el peso de noches que ningún niño debería soportar. Su cabello suave caía delicadamente sobre la frente, y su pequeña figura, vestida con una camiseta del color intenso de una baya silvestre, se movía con la energía de los niños que juegan al fútbol en la calle, pero con la gravedad de alguien mucho mayor de once años.

Era un niño listo y aplicado con el corazón de un hombre indomable e inquebrantable, una llama que parpadea pero que se niega a apagarse en la tormenta de la guerra. La noche anterior había dejado una huella de sangre en su camiseta, una huella que traspasó la prenda y le alcanzó el corazón, ya que perdió a su tío en un repentino acto de violencia. Zuheir llegó a la tienda, pidiendo disculpas por llegar tarde como si nada en el mundo pudiera impedir que aprendiera el alfabeto más simple: el inglés[1]. Abrió el cuaderno, sus manos temblorosas trazaron

1. Referencia a la simplicidad del alfabeto latino frente al árabe, que es el natural de los estudiantes palestinos.

las letras meticulosamente, dejando en cada trazo un suspiro, una declaración: no me borrarán.

Zuheir no es el único. Gaza está en ruinas, y su sistema educativo también. Las fuerzas israelíes han destruido o dañado la mayoría de los colegios y centros de enseñanza en Gaza. Hoy, en lugar de volver a la escuela como la mayoría de los niños del planeta[2], cerca de 660 000 niñas y niños caminan entre escombros, hambre, trauma y, muchos de ellos llenos de dolor. Cuanto más pasan sin colegio, mayor es el riesgo de que se conviertan en una generación perdida, abonando así el terreno para más odio y violencia.

La educación no es un lujo, es un salvavidas. Es lo que hace que Zuheir siga volviendo, lo que le hace seguir dibujando letras en la tierra. El comisionado general de la UNRWA, Philippe Lazzarini, advirtió que el alto el fuego es la única salida a la hambruna y el escolasticidio que afecta a los niños gazatíes. Estos niños, como Zuheir, tienen derecho a la educación y a soñar con algo más que tiendas de campaña y calles bombardeadas.

Me encantaba la voz de Zuheir, la agudeza de sus argumentos, la inteligencia con la que nos rebatía, con su mente siempre activa, preguntando, hablando en inglés y manejando cifras con una sabiduría que no correspondía a su edad. Lo abrazamos, lo sostuvimos, susurrándole palabras para aliviar la carga insoportable que arrastraba.

2. Este texto se escribió en septiembre de 2025.

«No pasa nada», dijimos. «Aquí estás seguro. Aquí no estás solo». Y por un fugaz y delicado momento, sus hombros se relajaban, le brillaban los ojos y el peso del pasado se hacía algo más ligero.

Pienso en niños en otros lugares, en calles tranquilas y parques al sol, discutiendo por los juguetes, llorando porque perdieron en un juego, soñando con tartas de cumpleaños y pequeñas aventuras. Las lágrimas que derraman son por disgustos que se esfuman al caer la noche. Y luego miro a Zuheir, cuyas lágrimas resbalan por familiares caídos, por cielos de los que llueve fuego, por hogares reducidos a carpas y recuerdos. Sus juegos son lecciones de supervivencia; su risa es insólita, frágil, una chispa desafiante que se niega a morir.

Zuheir no es solo un niño. Es la viva prueba de que todo niño tiene derecho a aprender, crecer y existir lejos del alcance de la violencia. El conocimiento no es un lujo; es un escudo, un salvavidas, una rebelión silenciosa contra la desaparición. Que sobreviva a quienes quieren robarle su inocencia. Que siga siendo ese niño que sonríe a pesar de la sangre, que escribe esperanza en páginas rotas en una tienda, que lleva en el corazón la calidez de una humanidad que ni la guerra puede borrar.

EL AMOR EN LA TIERRA DEL DOLOR: CARTAS DESDE UNA CIUDAD QUE SE RESISTE A DEJAR DE AMAR

Fui a un pequeño cibercafé a terminar un trabajo universitario. Me senté en la mesa. Frente a mí había una pareja joven cuyos ojos se encendían con el brillo inconfundible del amor. Él pidió una limonada con hielo para ella, un capricho típico de Gaza, y compartieron unas risas discretas.

En cualquier otro lugar, esto habría sido una escena ordinaria, pero aquí, parecía un milagro. Recé entre susurros para que salieran ilesos, para que su amor creciese en paz, para que se librasen de la desgracia que acecha en cada esquina. En Gaza no hay nada garantizado.

Me vino a la cabeza una canción de siempre que adoraban mis padres: *El amor es pura dicha, no hay amante desdichado*. Y me pregunté si esto podría servir para nosotros aquí, en Gaza.

Nadie escoge el lugar en el que nace, pero sí a quien amar con dedicación, cuidando ese amor como si fuera el último vestigio de nuestra humanidad. El amor no es un lujo, es una necesidad tan fundamental como el agua o el pan.

Pero en una ciudad donde el agua y el pan escasean, ¿podrá seguir existiendo el amor? Mi respuesta es ¡Sí! Un sí alto y claro.

El amor en Gaza sigue latiendo y respira a pesar del asedio, la destrucción y la muerte. No son rosas sobre la mesa de un café ni cenas a la luz de las velas. El amor son dos jóvenes soñadores que piensan juntos en un futuro compartido antes de que el estruendo de un bombardeo lo haga pedazos.

El amor es un muchacho regalando a su amada un trozo de pan en medio de una hambruna.

Es la mujer que espera en la puerta al hombre que fue a buscar harina.

Es el padre que recorre kilómetros para traer leche y pañales a su bebé recién nacido.

Es la madre que, uno a uno, va reuniendo los ingredientes para cocinar el plato favorito de sus hijos, y el hombre que amasa a mano para que su mujer no estropee las suyas, las madres que protegen a sus hijos de la metralla con su propio cuerpo, los hermanos que comparten el último pedazo de pan, el último trago de agua, el último rincón seguro para dormir.

Amor es también el niño que escarba entre los escombros para rescatar su peluche, y la niña que da de comer a un gato callejero aunque lleve todo el día sin probar bocado.

Estas humildes muestras de ternura no son insignificantes, son actos cotidianos de rebelión y desafío contra la maquinaria bélica empeñada en reducir a cenizas nuestra humanidad.

Pero aquí el amor nunca es gratis.

Una nueva alerta irrumpe en mi canal de Telegram: la foto de una nota arrugada encontrada en el bolsillo de un joven asesinado por un francotirador mientras iba a buscar algo de comida para su familia.

¿Por qué hay tanta presión?

¿Por qué no podemos abrazarnos sin miedo?

¿Por qué hasta el gesto de cariño más simple tiene que parecer un acto de resistencia?

Aparece un vídeo en la pantalla: una mujer que durante más de una hora se niega a soltar el cuerpo sin vida de su marido, abrazándolo como si así pudiera impedir que la muerte se lo lleve.

Así es el amor en Gaza. No es un romance barato, sino un acto diario de supervivencia, el rechazo a que la muerte tenga la última palabra.

Gaza es una ciudad donde la mayoría de sus habitantes nunca ha visto una película en el cine, ni ha subido a un avión, ni ha estado junto a un río, ni ha escalado una montaña para contemplar el mundo desde arriba.

Después de la familia, lo que le queda a un gazatí es su casa y su calle, e incluso estas han sido bombardeadas, destrozadas y reducidas a escombros.

Y, aun así, el amor late.

La gente se sigue casando.

Los amantes se siguen enviando notas de amor y siguen encontrando la manera de reír. Aquí, el amor es un acto desafiante, una insistencia en nuestra humanidad, sin importar que el mundo nos reduzca a menudo a meros números en las noticias.

Querido lector, imagínate: según el Ministerio de Salud de Palestina, 13 901 mujeres han enviudado en Gaza. 13 901 fuentes de dolor, cada uno con su propia historia.

Estas son algunas de sus cartas, fragmentos breves del inmenso e interminable libro de la pérdida.

> Anas… ¿quién podría ser como Anas? El compañero de mi vida, mi amor, mi corazón ha dejado de latir. Era mi hogar, mi apoyo, mi todo.
>
> Bayan, viuda de Anas Al-Sharif.

> Eras mi consuelo, Hatem. Teníamos tantos planes y sueños para compensar estos años de guerra con días de alegría. Pero te fuiste primero, llegaste a Dios antes que yo.
>
> Mais, viuda de Hatem Abu Hamed.

> Ali, ahora un cielo nos separa. Todo ha cambiado desde que te fuiste, el tiempo, la forma en que vivo los días, hasta yo misma. Vives en mí como si nunca te hubieras ido, como si siguieras siendo una parte de mí.
>
> Shahd, viuda de Ali Al Rantisi.

> Quería envejecer a tu lado. Solo mi cuerpo sigue vivo; mi alma se fue contigo. A veces temo que la vida sea demasiado larga y que tenga que vivir todos esos años sin ti.
>
> Dima, viuda de Rizq Al Madhoun.

> Tengo suficientes recuerdos tuyos como para seguir adelante en esta vida, impregnados de tu amor, tu delicadeza y ternura. Nos encontraremos en el Paraíso, corazón mío.
>
> Nur, viuda de Bilal Abu Sam'an.

> Mi amado Rushdi. Cuando supe que habías muerto, eras la única persona con la que que-

ría hablar. Ve hacia la inmensidad y la dicha, mi amor.

Shorouq, viuda de Rushdi Sarraj.

Ibrahim, amor de mi vida. No eras solo mi amado. Eras mi vida, mi patria. Ahora eres el rezo que está siempre en mis labios, una imagen clavada para siempre en mi corazón.

Layla, prometida de Ibrahim Abu Shaaban.

Elegimos el amor y la vida. Soñábamos con comenzar una vida juntos, pero la Ocupación se empeñó en acabar también con las historias de amor en Gaza.

Hala, prometida de Mohammed Salama.

Cada testimonio es una pequeña nota clavada en la conciencia del mundo: amamos, y por eso nos mataron. Pero el amor no ha muerto; se ha convertido en testigo. En Gaza, el amor no es una metáfora, sino una realidad moral y política. Es el derecho a la seguridad, a criar a los hijos sin miedo a perder a los padres, a darnos un abrazo sin temer que la próxima bomba convierta ese abrazo en el último.

Concluyo este texto con un ruego: no dejéis que las historias de amor de Gaza se conviertan en simples imágenes que pasan por vuestras pantallas. Contempladlas como lo que son, un testimonio humano, como la prueba viviente de que, incluso en la tierra de la pérdida, algo obstinado sigue creciendo.

Porque aquí, donde tanto se ha perdido, queda una cosa: el amor. Y se niega a morir.

TAQWA AL WAWI

Taqwa Ahmed Al Wawi tiene diecinueve años y es escritora, poeta y editora. Estudia Literatura Inglesa en la Universidad Islámica de Gaza. A través de su escritura, busca amplificar voces e iluminar historias que a menudo permanecen en la sombra. Para ella, escribir es mucho más que poner palabras sobre el papel.

«Vengo de Gaza, un lugar donde la esperanza surge entre los escombros, y los sueños se construyen en medio de la adversidad», dice. «Escribir no es solo una forma de expresión; es mi refugio frente a una realidad dura, un espacio donde me redescubro y trazo mis ambiciones. Me sana y me ofrece una salida».

Cada palabra que escribe lleva consigo el peso de la experiencia vivida y la esperanza de un mañana mejor, un futuro que ella ya está forjando con valentía y determinación.

ESTA MUERTE LENTA

Me siento, la espalda contra la pared.
Una taza me templa las manos.
El aire se vuelve denso.
Un tenue zumbido.
Lejos.
Veloz.
La ventana tiembla.
Una sombra ante la puerta.
Me quedo congelada.
Ojos cerrados.
El tiempo aguanta el aliento.
¿La familia?
¿Los amigos?
¿Lugares que respiran conmigo?
Risas grabadas en los cuadernos.
Voces que se han ido.
La vida parpadea bajo los ojos cerrados.
Los segundos se estrechan.
El sonido golpea.
Los puños golpean. Y después,
se van.
Regresa el silencio,
transformado.
Los ojos abiertos.

La taza todavía templa.
El cuarto está en silencio.
Pero algo dentro
no ha sobrevivido.

UN MINUTO EN GAZA

Un minuto en Gaza, y el mundo se parte bajo
el peso de la oscuridad.
La respiración de los niños se quiebra como
cristales rotos, sin pausa ni piedad.

Los ojos de las madres se endurecen, resistiendo
la marea.
Las lágrimas caen como el polvo sobre las piedras
que nadie puede recoger.

Los padres se aferran a los añicos de sueños rotos,
mientras las bombas rasgan la noche en gritos
suspendidos en el aire.

Las familias colapsan en las aceras.
Las calles se funden cual cera bajo sus pies.
Y los recuerdos, sin cicatrizar, se hunden bajo
los escombros.

El hambre muerde los huesos como la helada
del invierno.
Los platos siguen vacíos y huecos los corazones.
El dolor se desliza por los rostros como las sombras
sobre la luz.

En un solo minuto caben miles de muertes,
el miedo surca el cielo como un ave rapaz.
Y aun así, el pulso de la vida se aferra a su
existencia. Día tras día, entre el humo y las
cenizas.

El reloj nos acosa sin descanso.
Cada segundo pesa como una losa sobre los
hombros. Y aun así, los corazones se alzan.
La esperanza prende en la oscuridad como una
llama de hierro.

En cada cuarto en ruinas sobrevive una chispa,
un susurro que atraviesa el humo.
Y en el susurro, la vida encuentra su hogar.
Hasta en las horas más oscuras.

LA VIDA AL LÍMITE: ENTRE BOMBAS Y PARITORIOS

La vida en Gaza siempre transcurre al límite, entre la desaparición y la supervivencia, entre el nacimiento y la muerte. Gaza es un lugar en el que la dicha y el pesar llegan en un mismo suspiro. Entre las innumerables historias de destrucción y pérdida, también hay historias de rebeldía, de mujeres que, a pesar de todo, eligieron la vida. En medio de la guerra más letal que Gaza haya visto en décadas, hay mujeres que dan a luz. No en hospitales con sábanas limpias y enfermeras serenas, sino en clínicas abarrotadas y al borde del colapso, bajo los drones, las bombas y el miedo constante a que cada minuto sea el último. Esta es la historia de mis hermanas y de otras mujeres palestinas que han decidido traer hijos a un mundo que se derrumba. Sin embargo, no es solo una historia de nacimientos, es también una historia de resistencia, dignidad y voluntad inquebrantable por sobrevivir.

Tres mujeres, una guerra y el coraje de llevar una vida dentro

En Gaza, el embarazo ha dejado de ser una experiencia privada y apacible para convertirse en una lucha por la supervivencia. Cuando la guerra empezó el 7 de octubre de 2023, todo cambió. Para algunas mujeres, como Tasnim, las bombas empezaron a caer durante las últimas semanas de embarazo. Para otras, como Doaa, el embarazo empezó durante la guerra, entre desplazamientos y miedo. Para Nur, el momento del parto llegó durante un bombardeo. Sus recorridos son diferentes, pero sus historias están íntimamente entrelazadas: tres mujeres, tres niños y una guerra implacable.

Tasnim confiaba durante esos primeros días que la guerra terminara antes de que llegara su hijo. Estaba en las últimas semanas de embarazo y se había hecho a la idea de que daría a luz en condiciones normales, en casa, rodeada por los suyos y no por los escombros. Pero los días pasaron, creció la intensidad de los bombardeos, y la realidad arruinó esa esperanza. El 25 de diciembre de 2023, acudió para dar a luz a su hijo, Ezz Aldin, a un hospital saturado que apenas podía funcionar. No había enfermeras que la calmasen, tampoco un suministro eléctrico estable ni calma. Aun así, lo logró. Tras varias horas de parto, dio a luz sin complicaciones. No había comida ni vitaminas para que se recuperase, y era prácticamente imposible conseguir pañales. A pesar de su debilidad y el hambre en todo momento, amamantó a su bebé. No tenía elección.

Doaa todavía no estaba embarazada cuando empezaron a caer las bombas. Como cualquier otra persona, solo pensaba en sobrevivir. Pero unas semanas más tarde, descubrió, entre desplazamientos, vagando de su pequeño apartamento a una tienda de campaña y, de nuevo, a un piso minúsculo, que llevaba una vida dentro.

La seguridad se convirtió en un mito. Su casa fue bombardeada el 14 de enero de 2024. Las ventanas estallaron, las paredes se agrietaron, y el aire se impregnó de humo y polvo. No había sufrido daños físicos, pero el impacto emocional fue tremendo. La supervivencia diaria con una vida creciendo en sus entrañas, ante el miedo constante a una muerte repentina, lo cambió todo. El estruendo de los bombardeos a su alrededor hacía que pasase las noches en vela. Su cuerpo estaba lleno de vida, pero su corazón se preparaba para la pérdida.

El parto llegó el 28 de octubre de 2024, cuando había trascurrido algo más de un año desde el estallido de la guerra. Acudió a un hospital abarrotado. Las luces titilaban a medida que el generador renqueaba. Se aferró a su estrecho camastro entre sacudidas de dolor hasta que nació Hosam, tan pequeño y frágil, pero vivo. No la esperaban una alimentación especial, ni ropa adecuada ni comodidad alguna. Sin embargo, abrazó al bebé y lo amamantó a pesar del hambre y el miedo. Entre las ruinas, dio a luz.

El parto de Nur empezó bajo la sombra misma del peligro. Mientras su familia la llevaba al hospital, su coche se vio sacudido por una explosión cercana. La voz de su marido se quebró mientras intentaba calmarla, pero el miedo estaba presente en el ambiente. La ambulancia se retrasaba, así que se abrieron paso ellos mismos entre calles llenas de escombros y el estruendo de las explosiones en la lejanía. El hospital estaba desbordado a su llegada, los pasillos estaban abarrotados de pacientes y no había camas disponibles. Las enfermeras encontraron un rincón en un concurrido pasillo para que Nur se tumbara. Las luces parpadeaban, y el zumbido del generador invadió el espacio. No había privacidad ni calma. Los médicos trabajaban con manos ágiles y firmes a pesar del agotamiento. Las contracciones se sucedían una tras otra. El sudor le empapaba la cara. Al final, nació una niña con un llanto débil, pero vivo. Nur se aferró a su hija, aunque no la esperaban alimento ni ropa limpia. Los pañales y la leche infantil eran inaccesibles o extremadamente caros. La habitación olía a una mezcla de miedo y esperanza, mientras una nueva vida brotaba entre las ruinas.

Ninguna de estas madres tuvo lo que necesitaba. No había pañales, ni leche de fórmula, tampoco ropa limpia ni alimentación de posparto. Pero lo que sí que tuvieron fue una voluntad decidida, inquebrantable y sutilmente desafiante. Cada una de ellas albergó una vida en su interior mientras el mundo se derrumbaba a su alrededor. Todas ellas dieron a luz entre el estruendo de las explosiones, con el pecho oprimido por el miedo, pero con las manos repletas de coraje.

Estar embarazada en Gaza hoy en día es vivir con la muerte acechando a la vuelta de la esquina. Sentir las patadas del bebé mientras sobrevuelan los aviones de combate. Contar los segundos entre explosiones, rezando para que la siguiente no te alcance. Traer vida a un mundo que parece estar llegando a su fin y, a pesar de todo, hacerlo.

Nacer en las tinieblas de la guerra

Las cifras hablan por sí solas. Desde que empezó la guerra, miles de bebés han nacido en los colapsados hospitales de Gaza. Muchos de ellos lo hicieron antes de tiempo o con complicaciones derivadas del estrés, la malnutrición o la falta de seguimiento médico. Los datos oficiales apuntan a que habrían nacido cerca de cien mil niños durante el conflicto[1], de los que muchos de ellos han sufrido algún tipo de discapacidad relacionada con las precarias condiciones prenatales y el trauma bélico. Las madres se enfrentan a la escasez de alimentos nutritivos necesarios para la recuperación del parto y la lactancia. Es prácticamente imposible encontrar productos ricos en hierro, fruta fresca o verduras. Se han disparado los precios del cuidado neonatal básico: un paquete de pañales puede costar hasta cien séqueles, mientras que la leche infantil es con frecuencia inaccesible o tiene un precio disparatado. La ropa, los juguetes o los suplementos son lujos que muy pocos se pueden permitir. En comparación con otras madres del mundo, las madres palestinas se enfrentan a desafíos insuperables, como traer vida al mundo en medio de un peligro constante, privación y ruina económica. Aun así, estos nacimientos son mucho más que números. Son la prueba de la esperanza

1. Cifras a 31 de julio de 2025.

tenaz y la voluntad inquebrantable de una comunidad decidida a sobrevivir.

El colapso nutricional: embarazadas, hambrientas y olvidadas

En la mayoría de los países, una mujer embarazada tiene un seguimiento sanitario: revisiones regulares, suministro de suplementos como hierro o ácido fólico, alimentos ricos en proteínas y consumo garantizado de agua potable. En Gaza, este ideal ha quedado hecho pedazos. Médicos del Mundo recoge que, a mediados de 2025, una de cada cinco embarazadas y madres que están dando el pecho en Gaza sufre malnutrición aguda. Se estima que cerca de 17 000 mujeres embarazadas o en periodo de lactancia necesitarían tratamiento por malnutrición aguda en los próximos meses. Los alimentos básicos son cada vez más inasequibles: el kilo de azúcar roza los ochenta dólares y el de patatas o harina llega a los treinta, lo que hace inasumible su compra incluso cuando están disponibles. Las mujeres embarazadas que deberían estar bien alimentadas y protegidas, se van consumiendo y se ven forzadas a dar a luz hambrientas y deshidratadas.

La crisis del parto: cuando los hospitales no funcionan, las mujeres pagan el precio

UNICEF, la OMS, el FPNU y la UNRWA apuntan a que hay cerca de 50 000 mujeres embarazadas en Gaza, de las que 180 dan a luz cada día, y que un 15% de los partos sufren complicaciones que requieren asistencia médica. Entre octubre de 2023 y abril de 2024, nacieron cerca de 20000 niños en pleno asedio, muchos prematuros o con problemas de salud derivados de la malnutrición de las madres. La mortalidad neonatal se ha disparado: los abortos espontáneos se han triplicado y el alumbramiento de niños muertos supera ampliamente los niveles previos a la guerra. Durante la primera mitad de 2025, los registros del FPNU muestran 17000 nacimientos, 20 recién nacidos fallecidos en las primeras veinticuatro horas y un 33% de los bebés (5560) prematuros, con bajo peso o que requirieron cuidados intensivos neonatales. Estas cifras no son simples números, sino seres que comienzan su existencia en plena crisis.

Dar a luz sin lo básico: cuando calmar el dolor se convierte en lujo

El parto es algo planificado en la mayor parte del mundo. La comida es nutritiva, los hospitales están abastecidos, hay fórmulas para aliviar el dolor, y el apoyo es constante. En Gaza, se trata de la supervivencia. La OMS informa que un diez por ciento de la población gazatí sufre algún tipo de malnutrición, llegando hasta el 20% en el caso de las mujeres embarazadas. Únicamente en julio, más de 5100 niños fueron ingresados en programas contra la desnutrición, de los que 800 estaban en un estado crítico[2]. Médicos sin Fronteras añade que el 25% de las mujeres embarazadas o en periodo de lactancia están

2. Cifras a 31 de julio de 2025.

malnutridas, mientras que los casos de desnutrición severa en niños pequeños se triplican por semanas. Nacer en Gaza a menudo significa tener que compartir una incubadora, dar a luz sin anestesia y entre apagones, y correr el riesgo de infecciones por la destrucción de los sistemas de agua y saneamiento. Aun así, las mujeres siguen adelante. Crían niños entre el caos y el hambre, no solo porque deciden luchar, sino porque sus bebés dependen de ellas.

Llantos entre los escombros: nacer es un acto de resistencia

En Gaza, donde la destrucción parece no tener fin, y la esperanza es a menudo frágil, el nacimiento de cada hijo es un acto de resistencia. Sus mujeres traen la vida entre bombas y escasez, reinventando el significado del coraje y la resistencia. Su fortaleza no está presente en discursos grandilocuentes y grandes titulares, pero se manifiesta en los pequeños momentos, en las manos firmes de una madre que amamanta a su bebé hambriento, en el delicado llanto de un recién nacido que rasga el sonido de la guerra, en la promesa silenciosa de las familias de proteger la vida cueste lo que cueste. Acunan el futuro en sus brazos, encarnando así la determinación de un pueblo que se niega a desaparecer. A pesar de las dificultades, a pesar del hambre y el miedo, la vida continúa porque, en Gaza, la supervivencia es la declaración más rotunda de humanidad.

SUSURROS QUE CURAN

Oh, alma mía,
ven a descansar bajo la sombra del viejo olivo,
donde el tiempo detiene la respiración
y los susurros sellan las grietas del silencio.

Las estaciones transcurren en mí,
no solo el frío del invierno,
sino la agradable promesa
de las primeras flores de la primavera.

Tu voz, tu tibieza tierna,
me envuelve suavemente,
como la primera luz de la mañana
espanta las sombras de la larga noche.

Hay una fuerza serena en liberarse,
en no olvidar la tormenta,
pero aprender a respirar
en la calma que sigue.

Cada temor, antes una roca,
es ahora una semilla bajo mis pies,
esperando pacientemente
al sol para volverse hogar.

Tómame de la mano,
no hace falta hablar,
solo el latir constante
de dos corazones que sanan a la par.

Somos más que cicatrices,
más que batallas inadvertidas,
somos las raíces
que se hunden firmemente bajo la tierra,
creciendo más profundas
con cada aliento de paz.

Y cuando el sol vuelva a salir,
nos encontrará
no rotos,
sino renacidos

portando la luz que solo la noche
te enseña a sostener.

SER O NO SER, EL DUELO SIN FIN

El dolor dice en voz baja: «Lo perderás todo»,
pero algo te revuelve, aún sigues en pie.

La duda te nubla la vista y borra el camino,
pero la esperanza amanece en calma, con el día.

La oscuridad amenaza con devorar la luz,
pero avanzas con decisión, plantas batalla.

El peso del dolor quiebra la voluntad,
pero la entereza, intacta, se alza firme.

Sola, envuelta con un frío silencio,
el cálido amor te hace señas, tierno y osado.

Las sombras del fracaso te atormentan,
pero los sueños te recuerdan que aún queda
por descubrir.

Lamentos desesperados gritan: «Todo es en vano»,
la fe les responde: «Hay mucho en juego».

El hastío te arrastra contra el suelo,
determinada, te alza sin revuelo.

El caos por dentro, te desgarra,
pero la serenidad fluye muy dentro de tu
corazón.

El pasado te atenaza con las cadenas del pesar,
pero el perdón te libera, no hay que mirar atrás.

La confusión teje un nudo sinuoso,
pero la claridad se abre paso a través de la bruma.

La batalla ruge día y noche,
la elección es la misma: irse o quedarse.

Ser, no solo para respirar, sino para permanecer,
cruzar el fuego y seguir eligiendo tu camino.

SI YO HE DE CAER, TÚ HAS DE ALZARTE

Si yo he de caer, tú has de alzarte
para sostener la verdad que hay bajo este cielo.

Si mi voz se desvanece en la penumbra,
sé la chispa, la luz que arde.

Si mi camino está rasgado y deshecho,
tú todavía caminarás por los lugares donde nací.

Cuando mis manos ya no puedan sanar ni construir,
que las tuyas sostengan, que te hagan sentir.

Si el dolor me rompe el corazón,
que los latidos del tuyo rompan las cadenas.

Si mis ojos dejan de ver,
sé mi guía y llévame contigo.

Si me derrotan, tú todavía has de luchar,
avanza decidido, con toda tu voluntad.

Nuestros sueños, que ningún enemigo podrá robarnos,

nuestras almas aguantarán sin importar el precio.

Aunque la oscuridad te asfixie y te oprima,
nuestras esperanzas brotan, nuestros futuros
brillan.

Si yo he de morir, tú has de vivir,
para contar las historias que nos quedan por
compartir.

Gaza es más que un simple nombre,
es la esperanza y el fuego, la llama que nunca
se extingue.

DEEMA FAYYAD

Deema Fayyad es una escritora gazatí de veintiún años. En el momento de escribir estas líneas, estudia el cuarto curso de Traducción Inglesa en la Universidad Islámica de Gaza. Cursó secundaria mediante el Access Scholarship Program de la AMIDEAST[1].

Deema creció junto a su familia en un acogedor hogar en el campo de Jan Yunís, en el sur de la Franja de Gaza. Sin embargo, fueron forzados a desplazarse a Deir al Balá tras el asalto israelí —por tierra y aire— contra Jan Yunís. Deema nunca podrá regresar a su casa reducida a escombros, enterrando su infancia y los recuerdos de su adolescencia.

Actualmente, pertenece al Grupo Kufiyya de apoyo a la causa palestina. Además, compagina sus estudios con la labor humanitaria, ya que es voluntaria en la Reach Education Fund[2].

Deema empezó a escribir para compartir las historias de Gaza con el mundo. Su trabajo ha sido publicado por *WeAre Not Numbers* y el *Washington Report on Middle East Affairs*. Con la escritura, Deema espera abrir una ventana a la realidad de Gaza y lograr un impacto real y que inspire, justo como hizo su admirado profesor y mártir, Refaat Alareer.

1. Servicios Educativos y de Capacitación para América y Oriente Medio
2. Organización estadounidense sin ánimo de lucro que otorga becas y apoyo a estudiantes de escasos recursos y huérfanos en Gaza y Cisjordania.

LA TRAGEDIA DE LA AYUDA QUE LLEGA POR PARACAÍDAS A GAZA

En la mañana del lunes 28 de julio de 2025, me senté en el balcón para disfrutar de la vista que tenía del cielo, lo único que Israel todavía no ha conseguido destruir. Trataba de apreciar esos raros momentos de calma mientras degustaba un té amargo porque nos habíamos quedado sin azúcar. De repente, escuché el rugir de un avión acercándose. El sonido era diferente al de los aviones que nos sobrevuelan a diario, aunque también me resultaba familiar. Se acercaba y sonaba más pesado, obligando a todo el mundo a escuchar y mirar. Liberó su carga y se marchó, dejando detrás un torbellino de ruido y conmoción. Conocía muy bien esa escena y jamás podría confundir el turbio caos que genera.

Todos nosotros ya la habíamos presenciado: aviones del Mundo Árabe o de Occidente que llegan, sueltan migajas de comida sobre nosotros y se van, jactándose de que envían «ayuda» a Gaza para aliviar el sufrimiento de los hambrientos.

Pero ¿cómo vemos nosotros, el pueblo de Gaza, estos lanzamientos de «ayuda»?

Nos sentimos tremendamente insultados y decepcionados. Matar de hambre a una población para luego esparcir un puñado de comida desde el cielo aviva los enfrentamientos letales entre la gente hambrienta, desesperada por conseguir algo que llevarse a la boca. No es ayuda, es humillación.

Desde hace más de un año, allá por febrero o marzo de 2024, la hambruna ha estado haciendo estragos en la Franja de Gaza, especialmente en el norte. Decenas de personas han muerto, y siguen muriendo, de hambre y desnutrición.

El lanzamiento aéreo de ayuda empezó cuando los pasos fronterizos permanecían cerrados para los camiones de la UNRWA y de otros países a los que la ocupación israelí no permitía entrar en Gaza. Estos camiones contenían comida suficiente para satisfacer las necesidades de los dos millones de gazatíes. De haberles permitido el acceso, todo el mundo habría recibido esa ayuda de una forma organizada y, lo más importante de todo, digna y segura.

Estos lanzamientos de ayuda no eran solo humillantes, sino que obligaban a los hambrientos a pelearse por la escasez de productos, convirtiéndose en otra herramienta para matar más palestinos, de una forma diferente y trágica.

El 8 de marzo de 2024, varios lotes se precipitaron desde el cielo después de que sus paracaídas no se abrieran. Toneladas de comida cayeron como bombas sobre las cabezas de la multitud que esperaba en el campo de refugiados de Shati, en el norte de Gaza. Murieron cinco personas y otras diez resultaron heridas.

Todavía recuerdo lo furiosa que me puse al leer la noticia. Primero maldije a quienes habían lanzado los lotes, y luego, rompí a llorar. No dejaba de preguntarme cómo se sentirían sus familias… haber sobrevivido a los bombardeos para acabar muriendo a causa de la ayuda humanitaria. ¿Qué clase de dolor era ese? Desde el primer día de este genocidio, se nos ha masacrado día y noche, hemos sido asesinados por incesantes ataques aéreos, nos han matado de hambre, y ahora incluso la ayuda humanitaria nos estaba liquidando. ¿Tan baratas se han vuelto nuestras vidas?

Lo vergonzoso es que esta tragedia no bastó para poner fin a esta práctica mortal. Los lanzamientos letales se siguen produciendo, segando la vida de más palestinos hambrientos en Gaza.

El 28 de marzo de 2024, los aviones lanzaron al mar paquetes de ayuda que resultaron mortales frente a la costa de Beit Lahia, en el norte de Gaza. Llevada por el hambre, la desesperada población arriesgó la vida para recuperarlos para terminar siendo arrastrados por las olas. Doce personas hambrientas se ahogaron ese día. Otras seis murieron al ser arrolladas por una estampida humana que trataba de llegar a los paquetes que habían caído sobre tierra firme.

Entonces, y todavía ahora, no hay palabras que puedan describir mi rabia y odio hacia este mundo cruel. La realidad es que estos lanzamientos no ayudan nunca. No son más que un alarde de intenciones y propaganda sensacionalista. Todavía recuerdo las palabras de mi padre:

—Han encontrado la manera de matarnos por todos los medios imaginables, no han dejado ninguna salida segura.

Hoy, mis ojos vuelven a presenciar estas escenas groseras, ya que los aviones siguen tirando migajas de comida sobre mi gente, que se muere de hambre desde hace ya más de cuatro meses. A finales de marzo de 2025, la Ocupación israelí cerró todos los accesos a Gaza, desencadenando una hambruna que se ha propagado por toda la Franja, habiéndose cobrado en el momento de escribir estas líneas, agosto de 2025, la vida de más de 150 personas, de las que 89 son niños que han muerto de hambre y desnutrición.

Esos mortíferos aviones surcan ahora nuestro cielo, escrutados por las miradas afligidas y expectantes de todos los que hay debajo. Nuestros niños famélicos siguen su estela, gritándoles: «¡Soltadla aquí! ¡Por favor, soltadla aquí!». Y una vez que han lanzado los lotes, se desata siempre el mismo caos, mientras estallan violentas peleas para reclamar una minucia de lo que sea que hayan tirado.

Estas mismas escenas se repiten frecuentemente con toda su crueldad. Nunca antes había visto a los míos tan desesperados o ante una necesidad tan acuciante. Es realmente lamentable que nos hayan reducido a esto. Esta tierra fue en su día un lugar en el que nadie se iba a la cama con hambre, no porque fuéramos ricos, sino porque éramos generosos. Como musulmanes, se nos ha criado en la compasión hacia el prójimo, en apreciar y cuidar a nuestros vecinos. Estas escenas de desesperación no definen lo que somos.

Mi gente es educada y profundamente moral. Gaza tiene el nivel de alfabetismo más elevado de todo el mundo árabe. Contamos con algunos de los profesionales más brillantes en todas las disciplinas. Cada uno de nosotros tiene una vida académica, profesional y social que brilla por sí misma, con sueños y ambiciones que nos esforzábamos por cumplir. Vestíamos con elegancia y teníamos nuestros propios espacios, hermosos y lujosos. Nuestra comida es la más deliciosa, y nuestro café no tiene comparación. Es cierto que las décadas de asfixiante bloqueo israelí han impedido que tengamos acceso a una vida plena en todos los aspectos, pero la gente de Gaza, entre la que se encuentran los mejores científicos, médicos, ingenieros y profesores, dotaron aquí de un gran sentido a la vida y la hicieron digna de ser vivida.

Es desolador ver a los míos, tan orgullosos y adorables, reducidos a este estado y despojados de todo por el hambre, aunque todavía es mucho más doloroso ver que muchos de ellos ahora creen que esto es lo que somos: pobres, hambrientos, gente que vive en condiciones miserables. Al matarnos de hambre y propiciar estos métodos de envío de ayuda tan degradantes e ineficaces, lo que persigue Israel es que el mundo nos vea así.

Pero no somos así.

RECUERDOS QUE ATORMENTAN A UNA JOVEN DESPLAZADA EN GAZA

El viernes 2 de febrero de 2024 nos enteramos de que nuestra casa había sido destruida por aviones israelíes, por aviones que, cargados con toneladas de misiles estadounidenses, se lanzaron sobre nosotros como la lluvia ácida, dejando detrás mártires, heridos, niños decapitados, huérfanos, personas bajo los escombros, abundantes traumas y llantos, y un olor a muerte que impregnaba todo. Había pasado una semana desde que mi familia y yo huyéramos a Deir al Balá como almas errantes, escapando del bombardeo despiadado e indiscriminado contra Jan Yunís. Esto ocurrió el 25 de enero de 2024, el día 120 de este genocidio, según apunta el calendario, aunque mi gente jura que parece que han sido 120 años.

Para estos monstruos era demasiado fácil convertir cualquier lugar a su alcance en un espacio miserable e inhabitable en unos meses. Han destruido por completo toda la infraestructura de Jan Yunís. No hay agua corriente ni sistemas de saneamiento, tampoco electricidad, Internet, servicios públicos ni hospitales. El setenta por ciento de los edificios de la ciudad han sido completamente destruidos, dejando miles de toneladas de escombros literalmente esparcidas por todas partes, convirtiendo el lugar en una ciudad fantasma, tenebrosa y envuelta en bruma.

A pesar de esta dura realidad, todo el mundo corrió de vuelta a Jan Yunís a la primera oportunidad, llevando consigo sus pesadas y anhelantes almas. No había posibilidad alguna de volver a establecerse allí, tan solo nostalgia. Pero querían recuperar todo lo que pudieran de las ruinas de sus casas. También mi familia volvió a Jan Yunís, algo que a mí me aterraba.

Los últimos días de Jan Yunís están grabados a fuego en mi mente, negándose a desaparecer. Son días sombríos dominados casi siempre por tinieblas, terror, cansancio, pérdida y silencio. El que fuera nuestro feliz hogar, donde resonaba la risa, se había convertido trágicamente en un lugar espeluznante que solo contenía miedo, agitación e intensas discusiones familiares sobre cuándo y cómo dejaríamos la ciudad y hacia dónde iríamos.

Aquellos días nos despertábamos cada noche con un estruendo espeluznante, ya fuera por una cadena de explosiones o por el cañonazo de los tanques a tan solo unos metros de nosotros. Recuerdo muy vívidamente las miradas furtivas por la ventana en mitad de la noche, con la respiración entrecortada cada vez que oía el ruido terrible de un tanque, como un recordatorio constante del peligro que nos acechaba de cerca.

Es imposible olvidar la habitación tenuemente iluminada en la que dormíamos y pasábamos la mayor parte del tiempo, unidos por el destino compartido de vivir o morir juntos. Le doy las gracias a mi hermano mayor, Fadi, que hacía todo lo posible por amenizar ese espacio lúgubre y sombrío con sus divertidas historias. He de admitir que logró muchas veces romper el silencio infame que dominaba la habitación y sacarnos una sonrisa de nuestros rostros tristes y pálidos. Sin embargo, las caras sonrientes se tornaban en gestos serios y asustados en cuanto un nuevo bombardeo sacudía las cercanías, haciendo temblar la casa, la calle y la ciudad entera.

Estas escenas difuminadas de nuestra recurrente huida de Jan Yunís siguen profundamente arraigadas en mi recuerdo. Después de que la ciudad fuera cercada el 22 de enero de 2024, sin un solo coche disponible a ningún precio, decidimos irnos a pie. Corrimos a través de calles estrechas y sinuosas, mientras las balas reventaban sobre nuestras cabezas, aterrados y sin más compañía que la sombra de la muerte, que no cesaba de perseguirnos.

Cada uno de nosotros avanzaba hacia lo desconocido con un niño de la mano y una bolsa pequeña sobre los hombros. Todo lo que deseábamos era salir de la ciudad y sobrevivir. No podía quitarme de la cabeza nuestras miradas perdidas, los rostros asustados y las temblorosas manos de nuestros pequeños. Todavía sigo viendo cómo mi sobrinito Omar, de año y medio, convulsionaba con el sonido de cada cañonazo o disparo a nuestro alrededor. Al final, cada desesperado y fútil intento por sobrevivir terminaba con el regreso a casa, tras notificarnos que el cruce estaba cortado por los tanques israelíes. Era como volver constantemente a la casilla de salida con una inconmensurable miseria e incertidumbre.

A las ocho de la mañana del tercer día, 25 de enero de 2024, llegó a nuestro barrio una gran camioneta repleta de desplazados con sus pertenencias. Era nuestra única esperanza de huir de ese horror, de la oscuridad y la inevitable muerte. Nos aferramos a ella con la determinación de marcharnos, cargamos nuestros bártulos y subimos a la parte trasera del vehículo. Algunos pudimos sentarnos sobre toneladas de madera sucia. Otros, como mi sobrina mayor Basma, encontraron hueco bajo el camastro de un herido que estaba siendo evacuado desde el hospital Naser a Rafah. Recuerdo que se encontraba en condiciones terribles, y deplorables, con todo el cuerpo cubierto de vendas, sin nada visible salvo unos ojos enrojecidos. Mi padre y el marido de mi hermana no encontraron hueco, así que se agarraron desesperadamente al exterior del vehículo, con sus delgados cuerpos suspendidos.

Durante el camino, iba acuclillada sobre un trozo sucio de madera, rodeada de pies ajenos y cobijando en el regazo a dos de mis sobrinos. No me importaba el dolor físico. Toda mi atención se centraba en la horripilante escena de los desplazados que habían sido bombardeados mientras trataban de huir del norte de Gaza en camiones como ese. No ha pasado un solo segundo sin que tenga presente la imagen de sus restos por el suelo, empapados en su propia sangre y con sus pertenencias al lado. No tengo la más mínima duda de que todos pensábamos que estábamos viviendo nuestros últimos momentos antes de que un misil cayera del cielo sobre nosotros, poniendo fin a todo.

Tratábamos de sacar fuerzas invocando a Dios, rezando, agitados, con las manos sudadas y temblorosas mientras recitábamos la Shahada. Nuestros rezos se interrumpían cada vez que el conductor nos gritaba que bajáramos la cabeza porque los disparos se oían cada vez más cerca a nuestro alrededor. Había muchos tanques en cada cruce de nuestro recorrido, y la camioneta aceleraba cuando pasaba entre ellos para que no pudieran vernos.

De vez en cuando levantaba la cabeza para preguntar a mi hermana mayor, Fidaa, que apenas podía ver la carretera.

—¿Hemos pasado el primer cruce? ¿Y el segundo?

¿Estamos ya fuera de peligro?

Cada minuto pesaba como una vida entera. Digo sin riesgo a equivocarme que esa media hora de miedo visceral fue más larga que mis veinte años de vida.

Recuerdo los primeros momentos al llegar a nuestro destino después de tan trágico viaje. Fidaa dijo con los ojos llenos de lágrimas que por fin habíamos llegado al mar. En ese momento, los disparos y los cañonazos se quedaron atrás, sustituidos por el sonido de los coches que teníamos delante y detrás, y por el barullo de la muchedumbre. Tras calmarnos, bajamos del vehículo y recogimos nuestro equipaje sin parar de llorar. Sé muy bien que esas lágrimas eran una mezcla de alivio por haber sobrevivido y del dolor intenso que cada uno de nosotros había sufrido en Jan Yunís.

Dimos gracias a Dios mientras respiramos con un alivio no visto en dos meses. Luego, subimos a un coche que se dirigía a Deir al Balá. Mientras mi madre seguía llorando, el resto nos sumimos en un silencio extraño. Fue Basma quien lo rompió bromeando al asegurar que nuestra salida exitosa de Jan Yunís se debía a sus oraciones durante la huida.

Los terribles momentos de dolor que pasé en mi ciudad, junto con las experiencias horribles que los acompañaron, me han abierto profundas heridas. Recuerdo cuando mi padre me dijo que el dolor es la emoción más poderosa, la que tiene un impacto más grande y profundo. Sus palabras sinceras nunca habían sido más ciertas, ya que nada puede contrarrestar o aliviar el dolor y la angustia que siento.

Es lamentable que a aquellos asesinos sin hogar no les bastase haber robado el de mis antepasados en la Nakba de 1948. Nos han perseguido hasta los campos de refugiados y destruido nuestras vidas y hogares en otra Nakba ante la mirada de todo el mundo. Nos han robado los recuerdos y la pasión por las cosas, sustituyéndolos por los peores recuerdos y sentimientos imaginables. Han destruido nuestros sueños, reduciéndolos a uno solo, el de no sufrir otro desplazamiento, trauma o recuerdo tenebroso que sumar a nuestro eterno pesar.

EL DILEMA DE LA ESPERANZA

En mis veinte años de vida, he vivido aferrada a una suerte de esperanza que me ha ayudado a sobrellevar nuestra dura realidad. Vine al mundo como refugiada en Gaza, lejos del pueblo de mis antepasados, Karatiya. Me encontré a mí misma atrapada en una prisión a cielo abierto dentro de mi propio, pero ocupado, país, con una nacionalidad que muchos no reconocen y un futuro incierto.

La esperanza ha sido mi salvación interior, lo que me daba fuerzas para construir un futuro mejor con mis propias manos. La esperanza evitó que me sintiera forastera en mi propia tierra. Sembró en mi interior la semilla de la fe, mostrándome que por muy sombría que sea la realidad, siempre hay un lugar para la luz. Y esa luz puede transformar las cosas.

Sin embargo, tras el desgaste de dos años de genocidio, miseria y un dolor y sufrimiento insoportables, la esperanza que antes me motivaba se ha convertido en una pesada carga.

¿Cuándo terminará esto?

Cuando empezó esta guerra, no teníamos ni idea de cuándo acabaría. Todos albergábamos la firme esperanza de que terminaría pronto, como había ocurrido con la mayoría de las guerras que habíamos vivido. Pensábamos que a lo sumo fuese algo más larga, más incluso que los cincuenta y un días de la guerra de 2014, la más larga y brutal de las que hemos tenido que soportar en Gaza.

Los días y los meses han ido pasando, y esta guerra ya ha superado con creces aquellos cincuenta y un días. Nos invadió una sensación de incertidumbre y pensamos que tal vez esta guerra duraría más de lo que imaginábamos.

Me negué a rendirme ante la incertidumbre. Decidí poner un límite máximo para esta guerra, un tope que fuera imposible de superar, lo cual me daría cierta tranquilidad y me ayudaría a aguantar hasta el final.

Tras darle muchas vueltas, decidí que un año sería un límite razonable. Gaza nunca había soportado una guerra de un año entero desde que comenzó nuestra lucha contra esta brutal Ocupación; tenía sentido que esta guerra no durase más de un año.

Este plazo generó frustración entre mis familiares y amigos. Les parecía una eternidad. Tenían razón, pero prefería agarrarme a la esperanza de que acabase antes de la fecha que había fijado que abandonarme a la sombra de la incertidumbre. Pasara lo que pasara, siempre podría encontrar consuelo diciéndome: «Todo esto habrá terminado antes del próximo 7 de octubre». Durante esos largos meses de horror, desplazamientos y sufrimiento sin fin, mantuve ese atisbo de esperanza en el corazón.

¿Negociaciones serias o tomadura de pelo?

Cada vez que anunciaban una nueva ronda de negociaciones, renacía en mí la esperanza de que se alcanzaría un acuerdo. Seguía atentamente cada novedad, cada reunión, cada detalle relacionado con las negociaciones. Nuestros corazones palpitaban con el deseo de que acabara esta pesadilla. Pero una y otra vez, las negociaciones terminaban como si nunca hubieran ocurrido. Una y otra vez, nuestras esperanzas se estrellaban contra una realidad todavía más cruel y nos quedábamos sumidos en una angustia terrible.

A los pocos meses de esta tragedia, nos dimos cuenta de que Israel se burlaba no solo de nosotros, sino del mundo entero con estas negociaciones huecas. El gobierno israelí es plenamente consciente de que ansiamos desesperadamente un alto el fuego, del mismo modo que sabe que la indignación hierve en los pueblos del mundo por el genocidio que está cometiendo. Sin embargo, lo único que busca es marear a todo el mundo al participar en lo que siempre acaban llamando «negociaciones serias». No quieren ni necesitan un alto el fuego. Israel nos mata cada día con sumo placer, sin control alguno y sin la más mínima intención de parar.

Un año entero de esperanzas rotas

Con el paso de los meses y la llegada del primer aniversario del genocidio, solo puedo decir que, como el resto del mundo, sigo sin poder creer que esté durando tanto.

Ni en mis peores pesadillas había imaginado que transcurrirían meses de exterminio, bombardeos y sangre ante el silencio del mundo. Día y noche, los misiles abrasaban nuestros cuerpos y los de nuestros hijos sin que nadie alzase un dedo. Jamás llegamos a imaginar la verdadera magnitud de la crueldad del mundo.

El genocidio cumplió su primer año, y dejé de contar los días. Ya no me puse plazo alguno para el final de la guerra. Dejé de seguir las negociaciones. La cruel incertidumbre me consumió por completo. Todo se volvió tan oscuro y desolador que ya no encontraba consuelo en ninguna esperanza de futuro.

Renuncié a la esperanza porque no quería caer de nuevo en la amargura y la miseria de la dura realidad. Solo quería conservar el mínimo de mi bienestar mental y logré conseguirlo durante cada ronda de negociaciones. Pero luego, por desgracia, ya no pude más.

La última esperanza

Enero de 2025 trajo consigo una nueva ronda de negociaciones. La gente empezó a hablar y a seguir cada detalle de los avances. Yo mantuve mi habitual distanciamiento mental, ignorando las conversaciones como si no fueran conmigo. Pero las noticias positivas sobre un posible acuerdo se multiplicaban, y a mi alrededor la gente estaba realmente emocionada y optimista. Todos menos yo. Cada vez que percibía que podía caer de nuevo en la trampa de la esperanza, mi mente no dejaba de repetirme: «Deema, sabes de sobra lo mal que termina esto siempre, no te dejes llevar, no dejes que esa frágil esperanza te aplaste de nuevo».

Me resistía a la esperanza como si fuera mi peor enemigo. No quería volver a dejarla entrar. No quería que crease un mundo encantador de expectativas falsas y fantasiosas. Ya no quería avivar ambiciones y sueños infinitos que solo crecerían para ser aplastados y enterrados por la amarga crudeza de la realidad.

Y aun así, a pesar de todos los esfuerzos por mantener la esperanza a raya, empezó a flotar en el ambiente. Se hizo imposible evitarla. Mi familia, amigos y todos los que conocía estaban demasiado entusiasmados, demasiado optimistas como para ignorarla. Hablaban ya de la posguerra como si el alto el fuego fuera real. No pude resistirlo más. Una chispa de esperanza prendió en mi corazón susurrando a mi alma agotada que esta vez, de alguna forma, no me arrepentiría.

Se anunció el alto el fuego. Nos invadió una felicidad abrumadora, de esas que no se pueden expresar con palabras. Me sentí profundamente agradecida por esa sensación de esperanza que, por primera vez, no me defraudó, un pensamiento ingenuo que solo duró dos meses.

En el día cincuenta y nueve del alto el fuego, el 18 de marzo, me quedé despierta hasta tarde escribiendo un trabajo para la universidad. Me fui a la cama a las dos y media de la madrugada. Apenas me arropé con la manta, un bombardeo sacudió toda la casa. El sonido de la explosión no se parecía a nada que hubiera oído antes. La puerta del cuarto cayó sobre mí mientras los cristales estallaban. Había ruinas y escombros por todas partes. Mis padres empezaron a gritar nuestros nombres, comprobando que estuviéramos todos bien. No podíamos ver nada a través de la nube espesa de polvo que nos ahogaba. Agarramos a los niños, aterrados, y salimos corriendo de la casa hacia el aire libre.

Nos sentamos con los niños frente a nuestra casa. Lloramos en silencio mientras el agua fría de los depósitos reventados del tejado nos empapaba.

En esos momentos de terror, sumergida en nuestra tragedia y conmocionada por lo que acababa de pasar, cogí el teléfono para ver las noticias: se había terminado el alto el fuego en Gaza. No hay palabras en este mundo que puedan expresar el dolor insoportable y la miseria que sentí en ese instante. Un sonido violento y profundo se instaló en mi mente, repitiéndome sin parar: «¡Te advertí que no te dejaras llevar!».

Desde aquel día, la esperanza de que acabe la guerra y yo no nos hemos vuelto a encontrar. Me resulta imposible creer que este genocidio pueda terminar algún día.

La esperanza durante la hambruna

Cuando terminó el alto el fuego, la ocupación israelí cerró todos los accesos a Gaza y desencadenó una hambruna implacable que se extendió por toda la Franja. Ahora la comida escasea, la gente pasa hambre y los niños están desnutridos; cientos de personas mueren de inanición.

Escribo esto cuando la hambruna entra en su quinto mes. Tenemos los cuerpos débiles y enfermos, y un hambre despiadada nos desgarra el estómago.

Durante estos meses duros y áridos, hemos recibido constantes promesas de que dejarán entrar comida en Gaza. Las oímos, nos las creemos y esperamos desesperadamente con el corazón en vilo para finalmente toparnos con una hambruna cada vez más cruel.

La última promesa llegó la tarde del 26 de julio. La ocupación israelí anunció una «tregua humanitaria» para el día siguiente que permitiría la entrada de «ayuda humanitaria» en Gaza. Nos ilusionamos y pasamos la noche con la esperanza de lo que traería el día siguiente. Solo se autorizó la entrada de ocho camiones en una Franja hambrienta. Antes de la guerra, Gaza recibía más de quinientos camiones diarios para atender las necesidades de la población.

Nuestras esperanzas se truncan una y otra vez, y lo único que queda es un hambre tan brutal que ni siquiera podemos encontrar un puñado de harina para nosotros o nuestros hijos. Un hambre que hace que la gente camine por las calles murmurando de dolor por el vacío que les roe el estómago.

El hambre ha llevado a toda la población de Gaza a dejar de pensar en un alto el fuego o de reaccionar ante las noticias que llegan sobre la Ocupación de la Ciudad de Gaza. Nuestra única preocupación ahora es encontrar la comida suficiente para calmar nuestra hambre y la de nuestros hijos. Nuestra única preocupación es sobrevivir. Si el genocidio continúa, puede que nos maten, pero si continúa la hambruna, seguro que moriremos.

Tantas esperanzas rotas durante esta etapa trágica han convertido la esperanza misma en un dilema existencial para todos los gazatíes. ¿Deberíamos entender la esperanza como un refugio, una vía para escapar de nuestra trágica realidad y soñar con un futuro mejor, o como una mera ilusión, otro camino que nos conduce a una realidad aún más cruel?

Si es solo un espejismo, ¿deberíamos evitar siempre la esperanza, como si fuera un lujo que nos es ajeno?

¿Deberíamos resignarnos a esta realidad miserable y sombría como nuestro destino eterno, sin esperar ya más la luz al final del túnel? ¿Puede de verdad alguien sobrevivir a esta tragedia infinita?

«Así es la esperanza cuando se vuelve más pesada y dolorosa que la desesperación», de Jaled, sobre la serie *El éxodo de Palestina.*

HEBA ALMAQADMA

Heba Almaqadma, farmacéutica de veinticuatro años, quiere arrojar luz sobre las voces silenciadas por la injusticia, especialmente las palestinas. Devota del lenguaje y la narración de historias, sus palabras se mueven en pinceladas que acarician el lienzo, dando forma a relatos cautivadores que conquistan la imaginación de los lectores.

Inspirada por *Hombres bajo el sol,* una de las obras cumbre del escritor palestino Gassan Kanafani, Heba busca consuelo e inspiración en la literatura.

Su sed constante de conocimiento se extiende a la pintura, la música y cualquier actividad cultural. Apasionada de la belleza que hay en lo subestimado y la magia de los pequeños detalles, inició su recorrido como traductora de árabe e inglés, campo en el que pone en práctica su amplia formación en diferentes materias.

ESTAR VIVA NO SIGNIFICA HABER SOBREVIVIDO

10 de octubre de 2023

Mi familia y yo estábamos abandonando nuestra casa en el norte de Gaza cuando una bomba cayó delante de nuestro coche. Toda mi familia resultó herida. El lugar estaba oscuro, lleno de humo. Apenas podía ver, y mis oídos estaban completamente taponados por el estruendo de la explosión. En un primer momento, no alcanzaba a comprender si estaba viva o muerta. Pasaron varios segundos antes de que pudiera ver a mi alrededor, había sangre por todas partes, restos del misil, destrucción por doquier y mi familia herida.

Solo pensaba en mi hermano Adam, que padece parálisis cerebral. No podría andar ni moverse por sí mismo. Dado que yo era la única que no estaba herida —aunque en ese momento todavía no sabía que estaba ilesa porque no me preocupé por mi estado— corrí a abrazarlo y regresé a casa, irónicamente, al mismo lugar que nos habían ordenado evacuar, el mismo lugar que bombardearon mientras nos íbamos.

Mientras corría, miré a mi alrededor y vi a mi familia, heridos, cubiertos de sangre. Pero nada de eso importaba. Solo quería que viviesen.

Nos apoyábamos los unos en los otros. Los que podían andar ayudaban a los que no. Fuimos a casa de un vecino, donde su hijo, sanitario, trató de parar las hemorragias. Esperamos desesperados una ambulancia, para ser evacuados de una zona que estaba siendo arrasada con todos los que estaban dentro. Esperamos desde las ocho de la tarde hasta las tres de la madrugada, durante horas llenas de pavor, hasta que, finalmente, una ambulancia logró llegar después de que otras dos hubiesen sido bombardeadas durante el camino.

En el hospital Al Shifa, mis familiares recibieron puntos de sutura y pasaron por el quirófano mientras eran atendidos por médicos agotados. Me senté allí, paralizada, escuchando los llantos sin fin y los gritos de dolor. Mi respiración se volvió pesada. No podía soportarlo y corrí a la sala de espera de urgencias, pero no había escapatoria. Ese sonido me perseguía por todas partes.

Me dediqué a pensar y a recordar cómo era mi vida tan solo unos días antes: el 5 de octubre, jueves, mi día favorito de la semana. Como siempre, me desperté a las cinco de la madrugada, ganándome una vez más el apodo de ave madrugadora con el que mi familia me llama cariñosamente. Me esperaba un día repleto de actividades, pero tenía energía suficiente para afrontarlo.

Tras mi rezo de la mañana, preparé el café, el desayuno y observé cómo el amanecer teñía el cielo de un suave color dorado. Recuerdo estar ahí de pie, absorta, grabando el momento mientras cocinaba. Después, preparé mi bolsa del gimnasio, me senté frente al portátil para avanzar algo de trabajo, y esperé a que el reloj marcara las siete de la mañana.

Salí de casa, pillé un taxi y me dirigí al gimnasio, que es como me gusta empezar las mañanas. La disciplina y el compromiso son la piedra angular de mis días. La inactividad es mi peor enemigo. Ya sea por aburrimiento o porque pienso demasiado, nunca he sido de las que se quedan quietas.

Tras el entrenamiento y recién duchada, fui a clase a la facultad. Saludé a varios amigos según pasaba, demasiado apurada como para pararme a charlar, aunque ojalá lo hubiera hecho. De ahí, fui a mi nuevo trabajo en Mercy Corps[1], un puesto que acababa de asumir, pero que ya me entusiasmaba. Por fin sentía que había encontrado un sitio al que pertenecía.

Después del trabajo, quedé para una comida con amigos, era mi día sin dieta, algo que la niña que hay en mí sigue celebrando. Comimos, reímos y, más tarde, nos sentamos en una cafetería, sorbiendo café mientras trabajábamos codo con codo en nuestros portátiles.

Por la tarde, me fui de compras. Compré un par de regalos para mi hermano menor y para mi sobrina, sin otro motivo para ello que verlos sonreír. Después, volví a casa, pasé un rato hablando con mi madre y mi hermana antes de relajarme leyendo unas cuantas páginas. Fiel a mi naturaleza, fui la primera en irse a la cama. Al día siguiente sería viernes, un día de descanso tras una semana ajetreada.

1. ONG de origen estadounidense dedicada a ayuda humanitaria.

El viernes transcurrió apaciblemente, descansando, viendo una serie y pasando tiempo con la familia. Aquí, los viernes son el día de la familia. Ni siquiera el fin de semana mis hábitos cambian: sigo siendo la primera en despertar y la primera que se va a la cama. Entonces no sabía que ese viernes sería el último día de una vida normal. El último día en el que me metí en la cama por la noche sintiéndome segura, con la certeza de que me despertaría al día siguiente.

7 de octubre

Me desperté temprano, como siempre, y dispuesta para afrontar el día. Pero antes de que pudiera salir, empezaron a llover bombas del cielo. Una tras otra, las explosiones ensordecedoras sacudían el aire. Toda mi familia se despertó y se reunió frente a la ventana para mirar un mundo que ya no reconocíamos.

El caos se extendió por todos lados. Pusimos las noticias, tratando de encontrar una explicación, y en cuestión de segundos, todo se aclaró.

Una vez leí que «es una sensación extraña percibir ese momento en que tu vida cambia para siempre; reconocerlo, saber que nunca volverá a ser como antes». Esa frase resuena en mi cabeza todo el día. Y ese día, se convirtió para mí en una realidad.

Pasé dos noches sin dormir, no por elección propia, sino porque no había donde descansar. No había habitaciones ni camas. Solo una silla en la sala de urgencias, donde me senté a la espera de buenas noticias. Al final, mi familia fue trasladada a otros servicios para recibir seguimiento y vivimos así durante un mes, a caballo entre el miedo y la supervivencia, hasta que el 11 de noviembre nos vimos forzados a desplazarnos hacia el sur.

La evacuación fue infernal. Caminamos doce kilómetros a pie, sin una silla de ruedas para mi hermano Adam. Entonces tenía diez años, estaba paralítico y frágil, y mi hermano mellizo Hadi tuvo que hacer todo el trayecto con él a cuestas. Cada paso parecía no tener fin. El polvo, el hambre, el miedo y el rugido constante de los drones sobre nuestras cabezas se convirtieron en el ritmo de nuestra marcha.

Después, el tiempo se detuvo

Los días se fundían los unos con los otros, descoloridos y crueles. Perdí la referencia del tiempo. Han pasado dos años y mi corazón sigue atrapado en el 10 de octubre. He sobrevivido, sí. He trabajado, he estudiado, me he graduado y he crecido, pero sin llegar a sentir nada de ello. He transitado por la vida como si fuera un fantasma. Estar viva no significa vivir, sino solo esperar.

Esperar qué, no lo sé. ¿Un final? ¿Un comienzo? Lo desconocido se ha convertido en nuestra única certeza. La esperanza, algo que el mundo celebra como una bendición, nos parece una maldición. La esperanza duele. La esperanza te mantiene esperando algo que nunca llega, un rescate que nunca llega, una justicia que se nos niega una y otra vez.

Tuvimos que desplazarnos innumerables veces. Desde Jan Yunís a Rafah, luego a Deir al Balá, y, finalmente, durante una tregua, de vuelta a Gaza, únicamente para prepararnos para un nuevo desplazamiento. Cada mudanza implica dejar atrás lo poco que hemos logrado salvar.

En estos dos años, he sobrevivido a los bombardeos una y otra vez. He visto niños sepultados por los escombros, madres cargando el cuerpo de sus hijos, padres escarbando en las ruinas con sus propias manos. He visto hospitales convertidos en cementerios, escuelas en refugios y refugios en fosas comunes.

Israel no nos ha dado un momento de descanso en estos dos años, ni siquiera durante la tregua. Nuestros corazones se afligieron cuando volvimos y encontramos nuestra ciudad completamente destruida, con nuestros recuerdos y lugares favoritos, y algunos de nosotros incluso sin sus seres queridos. A esto hay que sumar que jugaron siempre con nosotros a romper la tregua para mantenernos mentalmente agotados esperando que ocurriese algo terrible sin saber qué ni cuándo, haciéndonos vivir aterrados y, como todos sabemos, el miedo no evita la muerte, pero sí impide vivir. Después, decidieron matarnos de hambre. Asediaron literalmente una ciudad entera sin dejar que entrase ni un kilo de harina. Tras cierta presión, quisieron mostrar al mundo que permitían la distribución de ayuda, empezando con las ayudas de la GHF[2], conocida en Gaza como trampas mortales porque disparan y asesinan a las personas que tratan de conseguir algo de ayuda, una ayuda que se paga con sangre. Ahora que están en-

2. Gaza Humanitarian Foundation.

trando en Gaza algunos productos, después de que el hambre haya acabado con cientos de personas y siga acabando con nosotros cada día, solo deseo poder visitar las tumbas de todos los que murieron cuando intentaban conseguir harina, deseo poder devolverles la vida, deseo poder gritar muy alto a todo el mundo que nadie debería ser asesinado por intentar conseguir comida, que los niños no deberían arrastrar la culpa de sobrevivir durante el resto de sus vidas.

La vida en Gaza es una mezcla de agotamiento, miedo y resistencia inquebrantable. Cada mañana empieza con la misma pregunta: ¿nos tendremos que desplazar hoy? Las noches son implacables, con el zumbido de los drones y la preocupación de que un nuevo bombardeo acabe con la poca seguridad que nos queda. Muchos de nosotros dormimos en el suelo de los refugios abarrotados, aferrándonos a los recuerdos de un hogar que ya no existe. Los niños que en su día llevaban mochilas escolares ahora cargan ollas vacías mientras esperan la ayuda. Las calles están cubiertas de escombros, pero la gente sigue juntándose para compartir un té, para reconfortarse, para demostrar que seguimos aquí. Vivimos en un lugar en el que sobrevivir se ha convertido en un acto de resistencia, en el que la esperanza es frágil, pero está viva.

Nosotros, los gazatíes, creemos que la gente nos idealiza, que nos pintan como héroes estoicos y decididos. En realidad, solo queremos que el mundo recuerde que somos humanos, que lo que tú no puedes soportar, nosotros tampoco. Que tenemos sentimientos y que estamos agotados.

Hoy todas las noticias hablan de un nuevo desplazamiento hacia el sur para que puedan invadir Ciudad de Gaza. ¿Cómo puede invadirse una ciudad entera sin dar refugio a sus habitantes, sin medios para una vida digna ni asistencia médica, mientras son asesinados, mueren de hambre y se les hace sufrir de formas inimaginables ante un mundo que sigue observando en silencio?

El mundo dice que es supervivencia. Pero yo no siento que haya sobrevivido. Siento que me quedé congelada en aquel instante de sangre y humo, que siempre estaré cargando a Adam a mis espaldas, buscando sin descanso una seguridad que no existe.

Haber sobrevivido no siempre significa estar viva. A veces solo implica que te quedaste atrás para contar la historia.

IBRAHIM YAGHI

Ibrahim Yaghi es un joven escritor, poeta y activista gazatí. Es refugiado del pueblo de Al-Masmiyya Al-Kabira y estudia Literatura Inglesa en la Universidad Islámica de Gaza. A pesar de las dificultades de crecer en una zona de guerra, Yaghi recurre a su escritura para plasmar la resistencia, las batallas diarias y la humanidad del pueblo palestino.

La obra de Yaghi combina un conmovedor testimonio personal con la crítica de los dobles raseros y la desinformación de los medios occidentales respecto al genocidio. Su escritura busca denunciar la injusticia y promover la empatía y la conciencia globales, retratando la realidad cotidiana de la vida bajo asedio en Gaza.

LOS NIÑOS QUE SE OLVIDARON DE SOÑAR

Érase una vez una niña llamada Malak que adoraba el amarillo. Se anudaba el pelo con lazos amarillos, pintaba soles amarillos con caras sonrientes y corría con su hermanito por el jardín hasta que se partían de risa. Su mundo era pequeño y dorado: el colegio, la familia, su muñeca Leila y las canciones que su madre tarareaba mientras la peinaba.

Ahora, a sus siete años, Malak se estremece cada vez que se cierra de golpe la puerta de un armario. Ha dejado de correr. Camina deliberadamente despacio, como si el suelo fuese a desaparecer bajo sus pies. Ya no pinta soles ni casas. Traza líneas furiosas, nubes oscuras y formas que ya no recuerdan a nada.

Cuando le preguntan qué es lo que más echa de menos, no habla de sus juguetes.

—Echo de menos el sonido del agua en las tuberías — dice.

Porque el silencio ahora, el silencio tras un ataque aéreo, cuando esperas a comprobar si sigues vivo, es más estridente que cualquier cosa que recordara de antes de la guerra.

Una noche, mientras su madre la abrazaba sobre una colchoneta en una escuela abarrotada de la ONU convertida en refugio, Malak susurró:

—Mamá, ¿los niños de otros países también entierran a sus juguetes?

Su madre no respondió. Simplemente se abrazó más fuerte a Malak e intentó tranquilizarla.

Esa pregunta, tan simple e inocente, refleja la magnitud de la guerra.

Según Save the Children, los niños de Gaza muestran síntomas de un estrés tóxico, un estado psicológico derivado de un trauma extremo y prolongado. Se orinan en la cama. Pierden la facultad de hablar. Algunos hasta dejan de responder. Aunque sus cuerpos subsistan, su mundo interior se derrumba.

Malak ha empezado a tartamudear, algo que nunca había ocurrido antes. Por las noches, se levanta con los puños apretados y la frente empapada en sudor, buscando la voz de su hermano en la oscuridad. Pero él ya no está ahí. Lo sacaron de los escombros hace tres semanas, sin vida, agarrado al lazo amarillo que ella le había regalado.

Yosef tiene nueve años.

Pero el dolor lo ha envejecido hasta sumirlo en el silencio.

Antes de la guerra, era el chico más ruidoso de la clase, siempre levantando la mano, gastando bromas o dibujando con esmero barcos piratas en las esquinas de los libros. Un día, le dijo a su profesora que quería ser arquitecto para construir casas que nunca se derrumbaran.

Ahora, su vida trascurre entre paredes derruidas. El colegio ya no está. Su casa tampoco

Ni sus padres.

Cuando el equipo de rescate lo encontró, Yosef estaba descalzo y le sangraban las manos de escarbar entre los escombros. Repetía una y otra vez la misma palabra: mamá. Sin gritarla, susurrándola, como en una plegaria que deseaba que llegase debajo de los cascotes.

En el refugio temporal, alguien le regaló un bloc de dibujo. Estuvo días sin tocarlo.

Entonces, una mañana, cogió la cera negra y pintó una casa. Una casa oscura. Sin ventanas ni puertas.

Cuando le preguntaron qué era, él respondió:

—Es el lugar al que van quienes no vuelven.

Es la voz de un niño que siente el dolor sin las palabras con que explicarlo.

Los informes de UNICEF y la Cruz Roja Internacional lo definen como un apagón emocional, un mecanismo de respuesta en zonas de guerra donde los niños desconectan para sobrevivir. Sus juegos se vuelven violentos. Sufren alteraciones en el sueño y deterioro en el desarrollo, con regresiones en el habla, la conducta e incluso en el control de sus esfínteres.

Yosef ya no mira a los ojos, solo come cuando se lo piden, y lleva tiempo sin llorar.

Pero por la noche, cuando nadie lo mira, envuelve un ladrillo con una camiseta hecha un harapo y se duerme sobre él como si fuera una almohada. Es lo único que todavía cree que no lo abandonará.

Hay miles de Malak y Yosef.

Niños que han visto demasiado. Que han oído demasiado.

Que han sentido demasiadas veces que el suelo temblaba bajo sus pies.

Sus sueños ya no son de colores. Están llenos de sombras, sirenas y rostros desvanecidos.

La guerra les ha arrebatado sus hogares, sus colegios y a sus amigos.

Y ahora también les está arrebatando de una forma discretamente devastadora su capacidad para imaginar el futuro.

Algunos niños han dejado de hablar. Otros gritan en sueños. La mayoría están atrapados en una espiral de terror sin salida. En Gaza apenas quedan instalaciones de salud mental. De acuerdo con Save de Children, incluso antes de esta guerra, los niños ya manifestaban un nivel alarmante de síntomas de deterioro de su salud mental. Ahora que ya no hay clínicas, y los psicólogos han sido asesinados o se han visto forzados a desplazarse, ya no hay ningún sitio al que acudir.

Un cooperante dice:

—Les damos pan y agua, pero no podemos darles seguridad. No podemos darles paz, no podemos darles una infancia.

Pero a pesar de todo, algunos siguen dibujando.

Algunos siguen jugando, discretamente, en rincones, con piedras y tapones de botella.

Algunos todavía susurran historias a sus amigos cuando piensan que nadie los escucha.

Esto también es una forma de resistencia.

Soñar, por pequeño que sea el sueño, sigue siendo un acto lleno de fuerza.

Este relato es por ellos.

Por Malak. Por Yosef. Por cada niño que se olvidó de soñar.

Por los que lo siguen intentando.

Y por los que no tuvieron la oportunidad.

GAZA A LOS OJOS DEL MUNDO

Las bombas caen sobre Gaza. El aire se impregna de polvo, gritos y silencio. Y en algún lugar al otro lado del océano, un presentador de televisión anuncia con calma que se ha producido una escalada en las tensiones de la región. Sin urgencias. Sin nombres. Sin mención a la madre que encontraron abrazada a su hijo entre los escombros de su casa. Sin espacio para el padre que al llegar a la morgue encontró a sus tres hijos metidos en bolsas de plástico. Gaza se desangra en silencio a la vista de todo el mundo.

Cuando los medios informan sobre Gaza, no hablan de genocidio. No hablan de limpieza étnica. No hablan ni siquiera de invasión. Hablan de conflicto. Hablan de respuesta. Dicen que Gaza está gobernada por Hamás. Como si eso bastara para condenar a todo niño que allí nace, como si cada vida arrebatada fuera de alguna forma inevitable. En el lenguaje de la prensa internacional, la sangre palestina se seca antes, despojada de identidad, contexto y sentimientos. Una niña de cinco años asesinada mientras dormía no es más que un accidente. El bombardeo de un hospital es un suceso no verificado. Familias enteras exterminadas son descritas como objetivos sospechosos.

No es algo accidental, es un relato diseñado deliberadamente que tiene consecuencias mortales.

Más de 13 000 niños fueron asesinados en Gaza en 2024, según Save the Children. Más que en todos los conflictos del mundo juntos ese año. Sin embargo, sus caras rara vez se muestran en las noticias internacionales. Sus nombres no salen en los titulares. No se cuentan sus historias. Mientras que la prensa internacional dedica horas a relatar el temor de las familias israelíes en los refugios, apenas dedica unos segundos, si acaso, a las familias palestinas sepultadas bajo los escombros. Cuando mueren civiles israelíes, las historias son íntimas y personales. Pero cuando se masacra a los palestinos, el lenguaje es distante y estéril. No se trata de un defecto del periodismo. Es una característica de un sistema diseñado para perpetuar los desequilibrios.

El doble rasero salta a la vista. Cuando un palestino tira una piedra, es terrorismo. Cuando un avión israelí lanza una bomba de casi una tonelada sobre edificios residenciales, es defensa propia. Cuando los niños de Gaza gritan de pánico, el mundo se pregunta si es un montaje. Cuando los representantes israelíes lanzan afirmaciones imposibles de verificar, el mundo las reproduce sin cuestionarlas.

Este proceso de duelo selectivo, que filtra los hechos y fabrica la neutralidad, deshumaniza a los palestinos y pervierte la verdad.

El apoyo de poderosos entramados mediáticos, la presión política y el rechazo internacional a reconocer que Israel no es una víctima, sino una potencia ocupante y colonial, sostienen dicho proceso. Llamar a las cosas por su nombre, hablar de asedio, *apartheid* o de una guerra contra personas atrapadas, significaría admitir que el supuesto aliado democrático de Occidente está cometiendo crímenes de guerra.

Y, por eso, en lugar de la verdad, dan información sesgada.

Las redes sociales, que en su día fueron la esperanza de la libertad de expresión, se han convertido en otro instrumento de censura. Los gazatíes publican las últimas palabras de sus hijos, retransmiten en directo los bombardeos, suben fotos de fosas comunes y juguetes manchados de sangre. Pero sus publicaciones son ignoradas, retiradas o catalogadas como contenido explícito. Mientras tanto, las cuentas oficiales del Gobierno israelí difunden propaganda sin verificar. Se censura el vídeo del llanto de un niño palestino, pero se difunde la imagen grabada por un misil en un ataque de alta precisión.

Naciones Unidas ha señalado que Gaza es el lugar más peligroso del mundo para los niños. UNICEF denuncia que los niños están siendo asesinados a un ritmo sin precedentes en la guerra moderna. Save the Children lo describe como la destrucción psicológica completa de toda una generación. ¿Cuántas de estas afirmaciones han aparecido en informativos de máxima audiencia?

Cuando soldados israelíes dispararon a la cabeza de la periodista de *Al Jazeera* Shireen Abu Akleh, la prensa se resistió a señalar al culpable. Muchos medios ni siquiera mencionan a los cientos de periodistas que han sido asesinados en esta guerra. Destruyen sus cámaras. Persiguen a sus familias. Silencian su muerte. Todo el que intente mostrar al mundo lo que ocurre en Gaza es asesinado por contar la verdad, y el mundo apenas es consciente.

Los palestinos se ven obligados a demostrar su humanidad a un mundo que ha decidido negársela. Tienen que llorar educadamente, hablar con cuidado, actuar con comedimiento al mostrar el cadáver de sus hijos. Pero ni así es suficiente. Su dolor es tildado de propaganda. Su resistencia es tachada de terrorismo. Su existencia se considera una amenaza.

Sin embargo, los palestinos siguen hablando en la oscuridad.

—No quiero morir sin volver a dibujar a mi gato —le confesó a su profesor una niña de once años llamada Janna.

—Durante los ataques aéreos, me escondo debajo de la pila. Es el único lugar que percibo como mío —le contó a un periodista Rami, un niño de nueve años.

—Si muero, contadle al mundo que fui un niño que amaba los almendros y el inglés —compartió un joven poeta de Rafah.

No son combatientes, no son números. Son niños, seres humanos con historias, risas, secretos y cicatrices. Pero a los ojos de la prensa, son solo sombras.

Abandonados a su suerte, en medio del silencio de los líderes mundiales.

La verdad que se quiere transmitir en esta historia de Gaza ante los ojos del mundo es que el mundo mira a Gaza a través de un prisma roto y colonizado, que filtra la humanidad y la sustituye por miedo. Un prisma que justifica la muerte disfrazándola como política, que convierte el *apartheid* en diplomacia y el genocidio en daño colateral.

Un silencio que no es fruto de la ignorancia es un escudo. La desinformación no es un error, es una estrategia.

Y la mirada de los medios no es neutral, es una mirada cómplice.

La tragedia de Gaza no ocurre en la oscuridad, está ocurriendo a plena luz del día. En las pantallas. En las redacciones. Mientras el mundo pasa de largo, indiferente, insensibilizado.

Pero la verdad, incluso sepultada bajo los escombros, se niega a permanecer callada.

Este relato es para quienes todavía quieren ser escuchados.

Para los periodistas que murieron mientras sus cámaras seguían grabando.

Para las madres que enterraron a los hijos cuyos nombres no llegaron a los titulares.

Para los niños que se esconden bajo la pila y dibujan la esperanza en paredes derruidas.

Para un pueblo que no será borrado, por mucho que el mundo prefiera no verlo.

ANEXO

REFLEXIONES DESDE EL OTRO LADO

Puesto que se ha obrado tan sin razón, hablaré. Prometo decir toda la verdad y la diré si antes no lo hace el tribunal con toda claridad.
Es mi deber: no quiero ser cómplice. Todas las noches me desvelaría el espectro del inocente que expía a lo lejos cruelmente torturado un crimen que no ha cometido.
Por eso me dirijo a vos gritando la verdad con toda la fuerza de mi rebelión de hombre honrado[1].

1. Zola, Émile. *Yo acuso.* Traducción del texto en fuentes abiertas del texto escrito por Émile Zola en 1898 para denunciar la injusticia del caso Dreyfus.

NOSOTROS, LOS QUE NO MIRAMOS HACIA OTRO LADO

La lectura de cada texto aquí recopilado va acompañada de una sensación de respeto y profundo afecto, al igual que con los innumerables mensajes y vídeos que durante los dos últimos años han salido de una Franja de Gaza bombardeada, sometida al hambre y arrasada por la maquinaria bélica más despiadada del mundo. Si el respeto y el afecto tuvieran brazos, abrazarían a cada una de las mujeres y los hombres que escriben estos textos.

Todos ellos cuestionan y refutan directamente el cliché de que «una imagen vale más que mil palabras». Millones de imágenes y vídeos nos llegan constantemente desde Gaza. El genocidio que está perpetrando el Estado en el que nací es el más fotografiado y documentado de la historia, dado que casi todo el mundo tiene una cámara. El genocidio que Israel está perpetrando allí se retransmite en nuestras pantallas, grandes y pequeñas, en directo, en tiempo real.

Nosotros, los que no miramos hacia otro lado, los que no hacemos como si no pasara nada, podemos decir que lo hemos visto todo: niños sacados de los escombros o presenciando cómo los bombardeos asesinan a sus seres queridos; sentados y aturdidos en camillas de hospitales, mudos, temblando como hojas al viento. Niños arrastrando garrafas de agua. Humo negro. Explosiones ensordecedoras y el incesante zumbido de los drones.

Heridas abiertas y miembros amputados. Desiertos de casas destruidas y un océano de tiendas de campaña.

Sin embargo, a pesar de su significado, estas imágenes son bidimensionales. No hablan, aunque los gritos de la gente atraviesen el corazón, aunque nuestra preocupación y angustia nos permita imaginar una fracción del infierno que los engulle. La tercera dimensión, la que confiere el volumen completo, se encuentra en las palabras, esas que tenemos el privilegio de leer aquí y en otros innumerables canales. Las palabras nos permiten descubrir qué subyace bajo la piel, conocer lo que piensa quien, junto a sus seres queridos, ha estado a punto de ser sepultado por un edificio, las relaciones humanas que se mantienen entre el horror, el anhelo, el miedo, la esperanza, los planes y las sonrisas perdidas de tiempos pasados. No hay imagen que pueda compararse con la riqueza emocional y factual que contienen estas palabras.

Malek escribe:

> Hace poco, mi cuerpo me traicionó en el mercado. Me desmayé, quedé inconsciente y no volví en mí hasta que un anciano y su mujer me pusieron un poco de azúcar —no sé dónde la encontrarían— en la boca y me pasaron un manojo de menta bajo la nariz.

Son solo unas pocas líneas, pero muy ricas en contenido, emoción e incluso antropología: un pedazo de sabiduría popular transmitida de generación en generación, como el de los métodos naturales a los que se recurre para revivir a una persona que se ha desmayado de hambre. Solo las palabras pueden transmitir esa maravilla: el azúcar es muy escaso y preciado, pero la pareja de ancianos no se lo guarda para ellos. Y hay gente que, en alguna parte, hace el esfuerzo de plantar menta. Sin entrar en el plano filosófico, quien cultiva mantiene viva la continuidad de las generaciones, de quienes disfrutan de un té bien caliente con un toque de menta fresca del huerto de un pueblo perdido o de una maceta en el patio de una casa en un campo de refugiados. Una simple fotografía no hubiese bastado para percibir todas las capas de esta realidad.

En un vídeo, tal vez, podríamos ver aquello sobre lo que escribe Ghaydaa:

> En la tienda de campaña en la que vivo, nada indica que estemos vivos más allá del sonido de nuestros lamentos. Nadie habla, nadie ríe, ni siquiera llora. El agotamiento nos ha consumido el espíritu antes que el cuerpo. Ya no nos queda energía ni para llorar.

Un vídeo probablemente captaría los lamentos y el agotamiento, pero no sería suficiente para comprender lo que los habitantes de la tienda no están haciendo: no están llorando. Del mismo modo que no podría captar la profundidad de la propia conciencia, la reflexión que demuestra que hay mucho más que los lamentos PARA SUGERIR QUE ESTÁN VIVOS.

Así, un texto tras otro, escritos desde y sobre el infierno, descubrimos la humanidad detrás de ojos aterrados, cuerpos temblorosos y rostros demacrados, en cada una de las miles de personas que corren cada mañana hacia la muerte y hacia el desafío de llevar a casa un saco de harina. Cada texto nos muestra personas concretas, no generalizaciones o imágenes borrosas. Además, cada texto cuestiona otro cliché: el de la «deshumanización de los palestinos». Es habitual decir que para que la sociedad israelí —el ejército y sus numerosos apoyos civiles— sea capaz de perpetrar el genocidio que está perpetrando, ha tenido que deshumanizar a los palestinos durante años. La lógica retórica resulta familiar y es clara. De hecho, en el colegio siempre nos enseñaron que los alemanes hicieron lo mismo con los judíos, deshumanizarlos, antes de ejecutar la Solución Final. Sin embargo, la retórica en ambos casos distorsiona la realidad pues quienes quedan despojados de humanidad son los perpetradores del genocidio, no sus víctimas.

Es lo que me enseñó mi madre, Hana. Nacida en Sarajevo en una familia expulsada siglos antes de España, fue deportada por los nazis a los treinta y un años en un vagón de ganado a Bergen-Belsen. Como las heroínas y los héroes de este libro, escritores en el infierno, ella también escribió un diario en su lengua materna, el serbocroata. A diferencia de los autores de este libro, ella lo mantuvo en secreto.

De haber sido descubierta, los nazis o sus colaboradores la habrían matado en el momento. Su diario no se publicó y distribuyó de manera amplia hasta treinta y cinco años más tarde. A finales de la década de los setenta, se publicó la edición en alemán. Fue invitada a encontrarse con lectores alemanes e incluso recibió cartas de estudiantes de instituto. Una vez, me contó que un alumno le preguntó, no recuerdo si por escrito o en persona, que «¿cómo pudieron morir los judíos de esa forma?», queriendo decir «como ovejas yendo al matadero». Hana respondió que esa no era la pregunta correcta. La pregunta que hay que hacer, le dijo, es: «¿Cómo pudieron asesinar los nazis de esa forma?». Esa es la pregunta que debe plantearse hoy sobre la complicidad del Estado judío y sus ciudadanos en la aniquilación de Gaza.

Las personas y las sociedades no nacen siendo crueles, sino que acaban siéndolo. No hay una única respuesta, lineal o sucinta, que explique lo inconcebible que sucedió en las décadas de 1930 y 1940, y lo que sucede hoy. Esa es razón suficiente como para no intentar abordar aquí cómo la sociedad judeoisraelí ha alcanzado este estado intolerable en el que se perpetra y respalda un genocidio mientras se sigue percibiendo como la víctima. Eso lo dejaré para otra ocasión. Ahora, en cambio, prefiero regresar a las heroínas y los héroes del libro que el lector tiene en las manos.

Aunque no los conozco personalmente, sé que desde que nacieron han sufrido, cada momento, el dominio total de Israel sobre las vidas de los palestinos, incluso en periodos que parecían menos graves en comparación con la pesadilla actual. La mayoría de los autores, imagino, descienden de las familias que el incipiente Israel expulsó de sus casas, pueblos y ciudades en 1948, que vivieron primero en tiendas y después en chabolas de uralita. Nacieron ya en el trauma del desarraigo personal de sus padres y abuelos y en el trauma colectivo de un pueblo destrozado, disperso, despojado de su patria. Los más viejos quizás nacieron bajo el régimen de ocupación directa, que reclutó colaboradores para humillar y extorsionar, torturó en interrogatorios, disparó a manifestantes desarmados, impuso toques de queda día y noche, confiscó tierras y agua, arrestó y expulsó tanto a líderes políticos como a ciudadanos «corrientes», prohibió el desarrollo económico, destruyó calles, casas y barrios, tomó venganzas e impuso impuestos draconianos y multas astronómicas. En 1994, la ocupación directa dio paso a la ocupación indirecta.

La mayoría de nuestros autores nació en esta etapa, bajo la política de asedio y bloqueo que, en contra de la creencia común, empezó en la década de los noventa, mucho antes del auge de Hamás y sus acciones suicidas.

Fueron separados de sus familiares y amigos cercanos, aislados del mundo exterior, obligados a vivir en una cárcel gigantesca. Afrontaron en primera persona la farsa de las negociaciones de paz, mientas Israel hacía todo lo posible para impedir la creación de un Estado palestino. Los atentados suicidas de

Hamás y de la Yihad Islámica ayudaron a Israel a encubrir su propio y deliberado sabotaje. Nuestros escritores no han salido nunca de Gaza o lo han hecho muy pocas veces. Y si lo hicieron, probablemente viajaron al extranjero sin poner nunca un pie en Cisjordania ni en otras partes de la Palestina histórica. Han vivido con altas tasas de desempleo, repetidas oleadas de empobrecimiento y pérdida de propiedades debido a las políticas del bloqueo israelí. No les han dejado estudiar donde han querido, muchos de ellos no han visto una montaña o un manantial en su vida. Ya habían sufrido incursiones militares y ataques mucho antes del 7 de octubre.

Año tras año, la magnitud de los «daños colaterales», es decir, el número de civiles que el ejército se permite matar o herir para atacar a un solo efectivo de Hamás o de la Yihad Islámica, ha crecido de forma sostenida. Sus familiares fueron arrestados, asesinados o heridos en operaciones previas. Han sufrido el horror de las bombas y las explosiones desde su infancia. Israel destruyó reiteradamente sus cultivos con distintos pretextos. No saben lo que es abrir y beber de un grifo porque Israel obligó a Gaza a mantener una economía hídrica de autoabastecimiento, limitada al acuífero dentro de sus fronteras, en lugar de compartir el sistema nacional de distribución de agua entre el río y el mar. Durante cincuenta y cinco años, la sobreexplotación ha provocado que el agua marina y la residual se mezclen con el agua subterránea, que se desaliniza y se potabiliza en instalaciones especiales que posteriormente distribuyen agua desalada en bidones y camiones cisterna. Y así sucesivamente, una y otra vez.

Cuando todo esto se vive momento a momento, día tras día, el mensaje queda claro: para quien manda, tu vida no importa. Es prescindible. Puede aplastarla como a un mosquito.

Pese a todo, la gente construyó y desarrolló su vida, por genética, por socialización o por ambas cosas en retroalimentación. Nuestros escritores nacieron dentro de una asombrosa resiliencia colectiva y en la resistencia a las dificultades que impuso la ocupación israelí. Esta es la realidad de todos los palestinos, pero especialmente la de los de Gaza. Los gazatíes son conocidos por su creatividad e inventiva, así como por su hospitalidad, calidez y una querencia por las guindillas muy picantes. Estos textos son también un testimonio de resiliencia e inventiva bajo las condiciones más terroríficas que puedan imaginarse.

Durante los dos últimos años, la mayoría de los israelíes se ha pronunciado y actuado como si la historia hubiese empezado el 7 de octubre, o como si la propia crueldad hubiese surgido entonces. Después de años de excavar túneles, fabricar armas, de hacer contrabando y formar a miles de combatientes, Hamás demostró su ingenio militar al penetrar las defensas de Israel, paralizando durante horas al ejército más fuerte de la región y quizás del mundo entero. A las 06:29 de la mañana, una lluvia de cohetes despertó Gaza y sus alrededores, una distracción que permitió el asalto a bases militares y comunidades civiles cercanas. Hamás y sus militantes no escatimaron a la hora de dañar a civiles. Ellos, también, se comportaron de forma cruel. Es innegable, pero no puede disociarse de su contexto histórico: décadas de calculada brutalidad israelí, ingente y exponencial, disfrazada de «seguridad» para preservar la supremacía judía en toda la tierra comprendida entre el río y el mar.

No puedo engañarme y terminar con un mensaje esperanzador cuando el exterminio está en su apogeo, cuando mi pueblo y el Estado en el que nací siguen, con bombardeos, artillería y hambre, confinando a casi dos millones de personas en unos setenta y cinco kilómetros cuadrados. Solo me queda agradecer a nuestros autores por su humanidad.

Amira Hass, periodista israelí

Al Bireh, 20 de septiembre de 2025.

«Presencié cosas que habrían sacudido a quienquiera que tenga conciencia»

Nuestros ojos empezaron a ver ya en los primeros días de la incursión terrestre. No a través de pantallas o informes, sino a través de pies que caminaban sobre las ruinas, a través de las manos que cargaban con los muertos y los heridos. Barrios enteros destruidos, paredes pintadas con grafitis llenos de odio, civiles expulsados de sus casas. Simple y llanamente: vi los horrores de la guerra.

Presencié cosas que habrían sacudido a quienquiera que tenga conciencia: la destrucción sistemática de áreas residenciales, la expulsión de familias enteras. En un primer momento, se justificó con la necesidad operativa de proteger nuestras tropas, pero se seguía realizando. Presencié el trato humillante a los palestinos detenidos, no a los milicianos, sino a los civiles. Recuerdo con toda claridad a un anciano, con diabetes y gangrena en la pierna, capturado en el hospital Al Shifa. Estaba atado a una camilla, aterrado y dolorido, tratado como al peor de los terroristas, simplemente porque se dio la circunstancia de que estaba ahí, buscando un tratamiento.

Paramédico

Gaza, otoño de 2023.

* * *

«La Ocupación de Gaza empeorará la situación, y la responsabilidad recaerá sobre nosotros»

Esta operación [la conquista de Ciudad de Gaza] provocará la muerte de civiles y un mayor deterioro de la situación humanitaria para la población de la Franja de Gaza. Incluso hoy, los residentes de la Franja enfrentan una escasez crítica de alimentos, agua, equipos médicos y servicios de salud. La ocupación de Gaza empeorará la situación, y la responsabilidad recaerá sobre nosotros.

Brigada Nahal del norte
270 días de servicio después del 7 de octubre de 2023

* * *

«El complejo está vallado con alambre de espino y rodeado de muros»

Durante mi servicio en la reserva, estuve en Sde Teiman, un lugar en una suerte de nebulosa. Nos dijeron que no sacásemos fotos. Había cierto secretismo, las movidas que habíamos hecho hasta entonces no eran ningún secreto. Llegué [a Sde Teiman] y empezaron a contarme, me llegaron historias. Me decían «¿Cómo? ¿Te ha tocado ese destino? Ya sabes que tienes que darles fuerte» y «prepárate, está todo impregnando de un olor desagradable y de escenas chungas», cosas así. Oí que [el hospital] era una especie de laboratorio experimental. [Decían que] era un desastre total y que era muy complejo porque tenías que encargarte de terroristas. Me asignaron funciones de guardia [en el centro de detención Sde Teiman]. Estábamos en una instalación que tenía dos celdas. Cuando digo celdas, me refiero a celdas grandes. Las llamaban «corrales». En un corral, setenta personas y, en el otro, cien personas [sentadas] en filas sobre delgadísimas colchonetas de exterior. El pavimento, de asfalto, bajo una estructura cubierta, como un establo. Los focos, encendidos todo el tiempo. Al entrar veo a todo el mundo con los ojos tapados y las manos atadas con bridas. Los que están en las dos primeras filas o así pueden tumbarse. El resto, permanece sentado con las piernas cruzadas. [De guardia], se trabaja por turnos. Entrábamos por la mañana y los encontrábamos así, todos sentados y con uniformes grises idénticos, solo hombres, entre los 16 y los 50-60, calculo.

Hay un corral geriátrico, con gente realmente mayor, como los que vería más tarde en el hospital. Y hay corrales para gente con las piernas amputadas, vamos, en silla de ruedas y cosas así, que están en el corral geriátrico, creo. El complejo está vallado con alambre de espino y está rodeado de muros. Hay dos letrinas portátiles y una zona para lavarse las manos, en la que pueden ducharse una vez a la semana. Aparte de los camastros, tiene *scabias* (una manta de lana de uso militar) para taparse. Entra algo de luz solar, pero los focos siempre están encendidos, incluso por la noche. Nosotros somos la guardia de seguridad, pero también hay policía militar, que es la que se encarga de los reclusos. Hay una estructura elevada de cemento de tres lados, de los que dos dan a cada corral. Llevábamos «caparazones» (chalecos viejos), cascos y una caja con material antidisturbios: todo tipo de granadas aturdidoras y botes de gas lacrimógeno, por si había un motín. Aparte de las tareas de seguridad, teníamos que asegurarnos de que no hablaran entre ellos y de que se sentaran adecuadamente.

Tenían que sentarse con las piernas cruzadas. Permanecían todo el día con las piernas cruzadas, así que, a veces, a algunos les dejaban echarse hacia adelante o hacia atrás, [algo] que no estaba permitido. Tampoco que mirasen por debajo de la venda. [Si intentaban] echar un vistazo [por debajo de la venda] y si no respetaban las normas, entonces estábamos autorizados a castigarlos. [El castigo] consistía en llevarlos al frente del corral y tenerles un buen rato de pie con las manos sobre la cabeza. Si pasaba muy a menudo, [los instructores de los reclusos decían], «decídnoslo y castigaremos a todos». Cada vez se endurecen más las medidas que se les pueden imponer. A veces, hay gente que se tumba o se sienta. Hay dos [tipos] en cada corral que no tienen venda en los ojos ni las manos atadas. Son los *shawishes*, que significa que saben hablar bien hebreo, han sido interrogados, están limpios y no son de Hamás. Todo se gestiona a través de ellos. Pueden moverse con libertad y también nos ayudan a castigarlos. La cosa es que, como soldado, no sabes si alguien habla, no puedes identificarlo porque no hablas árabe, algo que nadie espera que hagas. Los oficiales de policía militar no lo hablan, nadie habla árabe. Eso implica que no puedes decir «tercera fila a la izquierda», nadie sabe hacerlo, así que le dices al *shawish:* «trae a ese tipo». Y el *shawish* te lo trae. Recurrimos al *shawish* y le pedimos: «Diles que, si no se callan, van a tener que estar todos de pie durante media hora», cosas así, [o] «dile que si no se calla, lo llevaremos [con nosotros]». Hay todo tipo de rondas de medicación, les traen comida, los *shawishes* ayudan con esto, les entregan la comida.

Sargento primero
Sde Teiman, 2023[1]

* * *

«Las FDI establecen una determinada línea y cualquiera que la traspase, se considera una amenaza»

La frontera es una zona letal, una hondonada plana. Tenemos una vista panorámica de la misma, y ellos también. En un primer momento, las FDI designaron determinadas áreas a las que estaba prohibido cruzar. Las FDI establecen una determinada línea y, conceptualmente, cualquiera que la traspase se considera una amenaza. Pasaba en el corredor de Netzarim y pasa también en la frontera. No existen reglas de enfrentamiento claras, por lo que hay cierto margen para la discreción sobre el terreno.

1. Testimonios recogidos originalmente en el informe *The Perimeter,* elaborado por Breaking the Silence e incluidos con su autorización.

En última instancia, depende del comandante de la compañía o del batallón.

No existen procedimientos de combate propiamente dichos como ocurre en Judea y Samaria (Cisjordania). Los comandantes de compañía toman todo tipo de decisiones sobre esto, así que depende en gran medida de quién esté. Pero, en general, no hay un sistema de rendición de cuentas. Cualquiera que cruce una determinada línea, que nosotros definimos, es considerado una amenaza y condenado a muerte. Esto era así. Era un criterio de las FDI. Existía esa línea.

Capitán Reservista en el cuerpo de blindados

Sur de la Franja de Gaza, otoño-noviembre de 2023[2]

* * *

«Los eliminamos con una ametralladora MAG y una NAIGER. resultó que eran dos niños, de entre diez y doce años, y su madre»

Estábamos en una emboscada. Identificamos tres objetos que se acercaban a nosotros, entrando en la zona letal. Recibimos la orden de eliminar a los tres [objetos] porque estaban entrando en nuestra zona letal. Los eliminamos con una ametralladora MAG y una Naiger. Con dos armas. Después resultó que eran dos niños, de entre diez y doce años, y su madre. Al final, los tuvimos que eliminar siguiendo las órdenes.

---

2. Testimonio recogido originalmente en el informe *The Perimeter, cit.*

No sabíamos que fueran una mujer y dos niños. Vimos dos objetos en la penumbra y no podíamos identificar exactamente qué eran. Actuamos de acuerdo con las órdenes.

Testimonio retransmitido por la cadena de radio Kan Bet
28 de julio de 2025

* * *

«Disparar a matar»

[Las órdenes son] adulto, varón, matar. Disparar a matar. En el caso de mujeres y niños, disparar para dispersarlos y, si se acercaban a la valla, detenerlos. No matamos a mujeres, niños o ancianos. Disparar para dispersarlos implica que un tanque dispara, corrige 30 milésimas (mueve el cañón ligeramente en ángulo con respecto al objetivo) y dispara una ráfaga [de ametralladora] contra un muro de hormigón para que se den cuenta de que está pasando algo y salgan corriendo, para intentar alejarlos del perímetro. No conozco ningún caso de que se haya disparado un proyectil a cincuenta metros de una mujer. La mayor parte de las veces son varones adultos quienes traspasan el perímetro. Las mujeres y los niños no entraban en esta área. Los reservistas siempre planteaban dudas de si esto se les había comunicado [a los palestinos]: «¿Saben que esto es así?».

Sargento de primera, reservista en el cuerpo de blindados
Norte de la Franja de Gaza, agosto de 2024[3]

3. Testimonio recogido originalmente en el informe *The Perimeter, cit*

* * *

«Estaba claro que no eran terroristas, pero estaban en una zona en la que se suponía que no debían estar»

Cada oficial puede elegir por su cuenta qué hacer, por lo que es algo parecido al salvaje Oeste. Algunos oficiales deciden realmente cometer crímenes de guerra y otras prácticas indebidas porque no habrá consecuencias por ello.

Había un edificio cerca de nosotros al que volvieron algunos habitantes de Gaza durante varios días para coger metales, placas solares y cosas así para venderlas y obtener algo de dinero. Estaba claro que no eran terroristas, pero estaban en una zona en la que se suponía que no debían estar, por lo que, en función del día, se decidía disparar contra ellos.

No te hablan de los civiles que se te pueden acercar. Yo estaba en el corredor de Netzarim y me dijeron «si alguien aparece, lo hace sabiendo que no puede estar ahí, por lo que, si aun así se acerca, es que es un terrorista». Se les puede disparar o detenerlos, depende del humor del oficial ese día.

Testimonio de un reservista de las FDI a la cadena *Sky News*, 7 de julio de 2025

* * *

«Al pueblo que te masacró, lo masacras en represalia»

La misión tiene dos objetivos. El principal es arrasar. Básicamente, Khirbat Ikhzaa se encuentra literalmente a 300 metros de la valla. Esto significa que está dentro del rango de un kilómetro, lo que implica que hay que arrasarlo o, al menos, todo el vecindario oriental. Ese es el primer y principal objetivo al que nos enfrentamos. Es tarea para los zapadores (ingenieros de combate), porque se necesitan explosivos para ello. Porque se trata de un barrio, con edificios de varias plantas. El segundo objetivo son las personas capturadas y desaparecidas. La información de inteligencia indicaba que los rehenes y las víctimas de Nir Oz pasaron por Khirbat Ikhzaa. El objetivo [es] entrar en las casas y comprobar que no hay terroristas, pero también buscar información de inteligencia sobre quienes participaron en [los ataques de] el 7 de octubre o personas capturadas y desaparecidas el 7 de octubre, y para encontrar los túneles empleados para acciones hostiles. Y no morir, ese es el objetivo fundamental. El comandante de la compañía llegó y dijo: «Vamos a buscar terroristas y, si los encontramos, los matamos. Vamos a buscar indicios sobre las personas capturadas y desaparecidas para poder encontrarlas, localizarlas, o dar algo de certidumbre a las familias». Y el objetivo número uno, que siempre ha estado ahí, es crear una sensación de seguridad para los residentes de Nirz Oz cuando regresen. Al pueblo que te masacró, lo masacras en represalia.

Sargento de primera, reservista en la 5ª Brigada
Área de Jan Yunís, invierno de 2023-2024[4]

* * *

El oso y el hormiguero

La publicación que comparto aquí ahora lleva mucho tiempo gestándose en mí, entre dos y veinte años.

Es un texto sobre el racismo que tenemos dentro, en la sociedad judía israelí, especialmente en los que son «de izquierdas», hacia los palestinos que viven con nosotros y por debajo de nosotros.

«¿Por qué ahora?», os preguntaréis. Hace dos días, misiles iraníes impactaron en la ciudad árabe (palestina) de Tamra y mataron a los cuatro miembros de una familia. Este post no va sobre el racismo de los judíos que corearon «que se queme tu pueblo» en un asentamiento judío cercano. Tiene más que ver con aquellos de nosotros que se consideran libres del racismo, que tal vez incluso lloran sinceramente por los muertos de Tamra, pero que al día siguiente participan o envían a sus hijos a la actividad que luego describiré. Una actividad que

4. Testimonio recogido originalmente en el informe *The Perimeter, cit.*

ha sido una práctica rutinaria israelí y de las Fuerzas de Defensa de Israel durante décadas.

Fui reclutado en 2001 y destinado al Cuerpo Blindado de las FDI como artillero de tanque, el que se ubica dentro del tanque y se encarga de manejar los sistemas de puntería y disparo. Maneja tanto el cañón como la ametralladora y usa las miras telescópicas, que le ofrecen una vista ampliada del terreno que hay delante.

En el año 2002, mi equipo y yo estábamos destacados en un puesto avanzado principal en las afueras de una gran ciudad de Cisjordania. Nuestra misión se llamaba «el oso del puesto avanzado». Si el puesto era atacado, el tanque tenía que salir del puesto y avanzar hacia la zona muerta, como un oso enfadado que sale de la guarida, y responder al fuego.

Y, efectivamente, así ocurrió. Una noche, el puesto avanzado recibió fuego ligero procedente de armas pequeñas y, en respuesta, salimos con el tanque para responder.

Aquí necesito explicar un poco cómo se supone que debe actuar un tanque cuando se encuentra bajo fuego. La primera fase en cualquier enfrentamiento de un tanque con fuerzas enemigas es identificar de dónde provienen los disparos. Son normas muy estrictas, hay una serie de pasos que no se pueden saltar. Así nos lo enseñaron en el periodo de instrucción: no se dispara sin tener el objetivo claramente identificado.

La identificación es un trabajo en equipo entre el artillero y el comandante. El comandante se coloca con la cabeza fuera de la torreta para tener una vista amplia del campo de batalla.

Tras una identificación inicial, el comandante indica al artillero que localice el objetivo en las miras telescópicas. Solo cuando el artillero reconoce y confirma el objetivo, el comandante da la orden de disparar y comienza el combate.

Retomemos la historia: la situación comenzó a empeorar rápidamente y a desviarse del procedimiento que habíamos ensayado. El fuego ligero se dirigía ahora directamente al tanque. Munición real silbaba por encima y alrededor de mi comandante, que estaba apostado en la torreta. Tuvo que meterse dentro del tanque bajo una gran presión y, tras cerrar la escotilla, ya no podía ver quién o desde dónde nos estaban disparando. El comandante giró la torreta velozmente hacia el lugar donde creía que procedían los disparos y dio la orden: «¡Activa la ametralladora y dispara a los objetivos!».

Como decía, de acuerdo con el procedimiento, en esta fase hay que identificar los objetivos. ¿Y qué se considera «objetivo» en una situación semejante? Cuando se trata de disparos de fusil y ametralladora que llegan por la noche desde más de 500 metros, lo único que se ve son pequeños destellos de quien dispara. Cuando estos proceden de estructuras edificadas, encontrarlos es como buscar una aguja en un pajar.

«No puedo identificarlo», respondí tras una búsqueda desesperada.

El comandante ordenó otra vez: «¡Ametralladora, dispara!». «No puedo identificarlo», repetí. En el visor, veía un montón de casas: muros, ventanas, algunas iluminadas. No había destellos de armas. No había «objetivos».

«¡Dispara ya!». Una orden así es muy poco común y una clara alteración del protocolo.

Puede deberse a dos motivos: el primero, la necesidad de «responder al fuego», de no actuar de forma pasiva, de «hacer algo». El segundo es la presión. Una presión terrible. El tanque está siendo atacado, aunque no de forma letal, mientras permanecemos en silencio. Buscando. Cumpliendo con el procedimiento. La cosa pinta mal y la sensación es horrible.

«No puedo identificarlo», dije de nuevo. Me mantenía fiel al procedimiento de una forma seca, rígida, «germánica». De manera estricta y automática. Y aquí llega el punto crucial de esta historia: lo que me contuvo a la hora de disparar no fue pensar que iba a lanzar cientos de balas reales a casas en las que había personas. Eso nunca me pasó por la cabeza. Simplemente seguía el procedimiento.

Un joven soldado que no llegaba a veinte años, criado en un hogar humanista y de izquierdas, fue al ejército porque «había que ir» y sirvió en los territorios porque no hacerlo no se contemplaba ni remotamente. Ni siquiera me lo planteé. Igual que las personas que había en esas casas, por quienes me debería haber negado, quienes podrían resultar heridas a causa del fuego indiscriminado. Su existencia simplemente no figuraba en mi mente. Un punto ciego del tamaño de toda una nación entera.

«¡Dispara de una vez!». El comandante me patea el casco (una práctica común en comandantes de tanque bajo estrés). Pero ya no espera más. Toma el control de la torreta y empieza a descargar cientos de balas de verdad hacia la masa oscura de edificios que hay frente a nosotros.

Y eso es todo lo que recuerdo, como se suele decir. No hubo ningún informe posterior sobre fuego temerario. No recuerdo ninguna investigación sobre si hubo bajas en el incidente. «Civiles no implicados».

¿Os parece esto una situación extrema? Creo que incluso antes del 7 de octubre y de nuestra guerra de exterminio en Gaza, esto se consideraba algo rutinario. «Un día más de trabajo». Lo sé. Miles de personas vivían en esas casas. Familias con niños. Las balas seguramente agujerearon las paredes, quizá atravesaron ventanas y puertas. Tal vez hirieron a alguien. No lo sé. Creo que si algún día descubro qué hicimos exactamente allí, si descubro que hicimos daño a alguien, me derrumbaré.

Bajo presión y bajo fuego, descargamos fuego mortal contra casas de civiles. Por la presión y el miedo, y sobre todo porque no había nadie que lo frenara, que dijera:

«¿Qué hacéis? ¡Hay gente allí! ¿Estáis locos?».

Y ahí está la cuestión. Ahí está el racismo. En la conciencia predominante israelí, los palestinos no son seres humanos. Al menos no de la misma forma que los judíos. Es difícil explicar el concepto con palabras. Cuando se trata de los palestinos, no existen líneas rojas que no se deban cruzar y nadie grita «¡Alto el fuego!» porque alguien se encuentre en la línea de disparo. No se piensa en tomar medidas para salvarles la vida. No se piensa en ellos en absoluto.

Aquellas casas eran solo parte del decorado. Un fondo. Como hechas de cartón. No es que reconozcas a sus habitantes y los odies, que los llames «Amalek» y esperes que sufran, mientras cantas cuando llueven misiles sobre ellos. Simplemente no están en tu conciencia. Como cuando pisas un hormiguero sin querer mientras vas detrás de una cometa en el campo.

Creo que así es como la mayoría vivimos aquí. Pienso que nuestras vidas son como son por esta razón. Ojalá todos despertáramos. Despertar para comprobar lo que estamos haciendo. Sé que yo desperté. Qué suerte la mía. Espero que no hiriésemos a nadie. Dios, espero que no hiriésemos a nadie.

No participes en esto. Rechaza esta ceguera selectiva. Rechaza el racismo. No hagas daño a personas inocentes. Di no a la guerra. Sé humano.

Guy Margolin Aberjel,
activista antisionista y antigenocidio nacido en Haifa

* * *

La vida en Israel siendo parte de la minoría que reconoce el genocidio

Tengo una niña preciosa de diez meses que me despierta cada mañana con una sonrisa enorme. Ella ilumina mi vida, la miro y veo pura inocencia. Un rato después, miro el móvil y veo a una bebé que se parece a ella, atrapada bajo un edificio en ruinas, y gente tratando de rescatarla de los escombros. Vuelvo a mirar los ojos de mi bebé, intentando no transmitirle nada, pero sin olvidar lo que bebés como ella están sufriendo tan cerca por las acciones de mi pueblo.

Esto sucede con frecuencia.

Veo imágenes horribles en distintos momentos del día. No quiero pasarlas de largo, pero tampoco puedo hacer mucho ahora. Por eso, encontré una solución un tanto extraña: las guardo en el móvil y continúo la jornada, prometiéndome hacer algo con ellas más tarde, una promesa que se va acumulando y nunca llega a cumplirse. De esta forma, la galería de mi teléfono se ha convertido en algo inquietante donde conviven una gran cantidad de fotos entrañables de bebé con escenas de horror y muerte procedentes de Gaza.

No he estado bien los dos últimos años, a pesar de estar disfrutando al mismo tiempo de algunos de los mejores momentos de mi vida con mi pequeña familia. Es una sensación confusa. Si este texto parece desordenado o incoherente, lo achaco a la situación; no es culpa mía, ya tengo suficiente culpa. Me siento atrapado en una especie de bucle de culpa, rabia, motivación, acción, fatiga, depresión, desesperación, soledad, y vuelta a la culpa. Y todo acompañado con un sentimiento latente de odio hacia mí mismo y hacia los demás.

La culpa nunca me abandona y brota con mayor fuerza en los momentos buenos: cuando miro a mi bebé o cuando quiero dedicar un tiempo a hacer ejercicio o cuidar de mí. Hace tiempo que quiero construir una sauna, me vendría genial para relajarme. Pero, ¿qué coño? ¿Cómo voy a montar una sauna mientras pasa todo esto? ¿Cómo voy a hacer algo así? ¿Cómo voy a construir algo para mí, planificar unas vacaciones, bailar, o simplemente quedarme aquí con mi bebé mientras otros bebés arden y mueren de hambre?

Me gusta bailar. Llevo sin bailar casi dos años. ¿Cómo voy a salir a bailar con otros israelíes sabiendo que algunos apoyan esto? No solo resulta incómodo y desalentador, sino que además me hace cuestionar la normalización.

¿Acaso no estoy normalizando el genocidio yendo a una fiesta? ¿O yendo a trabajar? ¿Actuando como si nada?

¿Respondiendo «bien» cuando alguien me pregunta «Hola, ¿qué tal?». ¿Sonriendo a otros adultos en el parque?

Hace unos meses por fin fui a bailar en una fiesta/reunión de rollo hippie moderno. Ya sabes la onda: grandes dosis de *new age* y desarrollo personal, pero sin rozar la política o la justicia social. Llevé algunas sustancias y me lo pasé en grande. Bailé como loco hasta bien tarde, luego la música se apagó y hubo una actuación en directo. Una cantante israelí con buenas intenciones empezó a cantar y a hablar de amor, unidad, del potencial que tenemos, de la división y de lo malas que son las guerras, o de alguna generalidad por el estilo. Esto me descolocó un poco y empecé a preguntar a amigos y desconocidos: Espera, ¿mencionó el genocidio? ¿De qué estamos hablando exactamente? ¿Hay realmente conexión en esta energía comunitaria o está realmente desconectada?

Hay una fractura en la esencia de mi sociedad. Siempre ha existido, pero ahora se ha vuelto enorme. Es la brecha que hay entre la idea de la autodefensa y la realidad de lo que el ejército está haciendo realmente. Lo que permite que la gente se considere progresista mientras apoya la destrucción de ciudades. La disonancia cognitiva de luchar por la «democracia» mientras se ataca a personas que protestan a tu lado por llevar una bandera palestina, algo que viví en persona. La misma brecha que hace que la gente cierre los ojos para poder seguir viviendo con los suyos.

Para quienes tenemos los ojos abiertos, esa grieta está siempre presente. Nuestra elección nos expone al horror, al dolor y a una responsabilidad propia que no solo es difícil soportar, sino que complica más sentirse parte y conectar. Es una sensación solitaria. Somos extraños en nuestro hogar. Cada foto, cada bombardeo nos aleja un poco más de los seres queridos que eligen mirar hacia otro lado.

Trabajo en salud mental y formo parte de una hermosa comunidad terapéutica que ayuda a personas en crisis. Cada domingo, después de las reuniones, hacemos un círculo para que todos podamos compartir lo que sentimos o lo que nos pasa por la mente. Pero mi conciencia va más allá del campo visual colectivo. Va más allá de esa división y todos mis intentos han fallado, causándome dolor a mí y a algunos de mis amigos.

Puedo trabajar, ser agradecido, reírme y querer a mis colegas. Pero en el círculo, cuando toca decir cómo nos sentimos, yo me abstengo.

Yair Oren, nacido en el kibutz de Zikim[5].

***

La joven

Una joven acomodada está ayunando. Es la época más sagrada del año, por lo que está rezando. De repente, la madre entra en su habitación, cuya mitad está aún decorada con imágenes infantiles, mientras la otra revela decoraciones más maduras que ella misma colocó con sus amigas unas semanas atrás. En los estantes, hay libros escolares junto a otros de lectura

5. Zikim fue una de las comunidades más afectadas por el ataque de las facciones palestinas el 7 de octubre de 2023.

y algunas fotos de momentos de su vida lo bastante bellos e importantes para imprimir y mostrar.

La madre está afligida. En su rostro, la angustia y el miedo se mezclan con la determinación.

—¡Rápido! —grita la madre, rompiendo el momento sagrado—. ¡Rápido! Mete lo esencial en tu maleta y bájalo con el colchón, la almohada y la manta. Tu padre está alquilando un carro con un burro, y, en cuanto llegue, ¡nos vamos!

La joven mira lentamente a su madre, todavía absorta en sus oraciones. No entiende lo que dice. No entiende por qué entró en su habitación de esa manera en pleno ayuno. La mira confusa, intentando formar frases.

—¿Mi maleta? —dice torpemente—. ¿Bajar el colchón?

A la madre se le rompe el corazón mientras mira a su criatura, aún tierna, por mucho que ella quiera considerarse adulta. Se arrodilla al lado de su cama, y la abraza. Pero no hay tiempo, ¡hay que moverse!

—Mi amor, los soldados están a punto de tomar la aldea y nos han dicho que nos vayamos antes de que lleguen. Tu padre fue a por un burro y un carro y solo podemos llevar lo indispensable para instalarnos en el sitio al que nos ordenan que vayamos. ¡Es demasiado peligroso quedarnos aquí! Así que, por favor, mi vida, haz la maleta y bájala junto con tu colchón y lo que tenga encima, que nos vamos.

De camino, sentada en el carro con sus padres, abuela y hermanas, sobre los colchones y mantas de la familia, la joven ve su casa ardiendo a lo lejos. Está llorando, puede que por todo lo que allí tenía: las fotos, los peluches, la ropa bonita pero poco práctica que dejó atrás, el rincón favorito de la cocina donde solía leer, y sus amados libros. Pero la verdad es que llora por el miedo, miedo a las balas que silban por encima de sus cabezas, miedo a las explosiones próximas y lejanas, miedo al fuego y al humo.

Al llegar e instalarse en una casa ajena, precaria e insuficiente, oye cómo la madre suplica al padre:

—¿Qué comeremos? ¿Con qué voy a alimentar a las crías?

Esta joven… ¿Es una chica musulmana de Zaytun, el barrio acomodado de Ciudad de Gaza? ¿O es mi abuela, una niña judía de otro pueblo de gente bien de Bielorrusia?

¿Estamos en 2024 o 1914? ¿Ayuna por Ramadán o por Yom Kippur?

Esta misma historia le pasó a mi abuela en uno de los cuatro desplazamientos que tuvo que vivir en su adolescencia, durante la primera guerra mundial. Lo mismo les ocurrió a innumerables jóvenes y criaturas, a familias enteras, judías, musulmanas y cristianas, tanto en las guerras mundiales como hoy en día en Gaza. Historias parecidas se han recogido en incontables volúmenes literarios como este, por poetas de Gaza, mientras la gente huye de un lado a otro, dejándolo todo atrás para sobrevivir y buscar algo que comer.

¡Y esta es la historia de la gente relativamente afortunada! La que esquivó las balas en el camino. La que no murió enterrada bajo los escombros de sus casas, la que no ardió con su refugio. No todas las familias, ni entonces ni ahora, tuvieron tanta suerte. La familia de mi abuela, después de no haber podido encontrar seguridad ante la violencia visceral del antisemitismo europeo en Bielorrusia y Polonia, emigró a Argentina, como hicieron muchas otras familias judías, en la década de los veinte del siglo pasado. Tuvieron suerte. Aunque tuvieron que empezar de cero en otro país, aprender otro idioma y nunca regresar a lo de antes, se libraron de los guetos y los campos de concentración y exterminio del Holocausto. No puedo decir lo mismo de la huida de Zaytoun. Quizá le quede a la familia algo para comprar comida, o quizá estén muriendo de hambre. Quizá vivan en la tienda a la que se mudaron después de que bombardeasen su segundo refugio, una escuela de la ONU, o quizá les cayó la escuela encima o ardieron en su tienda durante una noche de terror. Demasiadas familias en Gaza han vivido estas circunstancias, y esta terrible historia continua.

Mi abuela, después de todo lo que vivió en su juventud —con esa ignorancia fatal de europeos que huían y colonizaban otras partes, sin parar a preguntarse qué ocurriría a la gente indígena en su nuevo destino—, se convirtió en activista del sionismo y soñó con emigrar de Argentina a Palestina. Después de la Nakba, ya en 1954, lo logró. Yo nací y crecí en Tel Aviv, muy cerca de lo que había sido el cementerio de Sumayl, una aldea palestina que fue borrada de la faz de la tierra durante la Nakba.

Cuando tenía más o menos la edad que tenía mi abuela en sus años de desplazamiento, en el colegio nos llevaron al teatro a ver una obra sobre jóvenes durante el Holocausto. Uno de los personajes comía una manzana y otro le preguntó: «¿Dónde conseguiste esa manzana? ¿Vendiste a tu madre por ella?». Rompí a llorar, y mi llanto no hizo sino acrecentarse cuando un soldado de las SS pegó un tiro a un joven que hacía contrabando de comida.

Así era la vida de millones de personas judías, romaníes, comunistas y *queer* durante el Holocausto, y así es hoy la vida de la gente de Gaza. Familias que fueron desplazadas en 1948 y 1967 para dejar su espacio a familias como la mía y a otras menos afortunadas que sobrevivieron al Holocausto, y que ahora se ven repetidamente forzadas a desplazarse, familias enteras asesinadas, enterradas y quemadas vivas, buscando comida, agua para beber, algo con que prender fuego para cocinar cualquier cosa, por poco que sea, para alimentar a su descendencia. Familias que se juegan la vida por un saco de harina o un kilo de arroz. comida, agua para beber, algo con que prender fuego para cocinar cualquier cosa, por poco que sea, para alimentar a su descendencia. Familias que se juegan la vida por un saco de harina o un kilo de arroz.

Para mí, está muy claro el paralelismo entre lo que sufrieron millones de familias durante toda la historia de Europa solo por ser judías y lo que sufren ahora millones de familias palestinas durante toda la historia del sionismo. Hoy, como entonces, el mundo mira en silencio. Los que tienen el poder no ayudan. No entiendo como los descendientes de aquellos hacen lo mismo hoy. No quiero permanecer callada ante esta realidad, por eso les escribo hoy desde Berlín. Sí, me fui de mi ciudad natal. Ya no es la mía.

* * *

Una pesadilla de privilegio

En el barrio más pijo de Tel Aviv,
la noche está tranquila.
Por un momento, me atreví a imaginar
que podría relajarme
pero da igual lo somnoliento que sea el barrio
lo apartado que esté
en alguna hora entre las cinco y las siete de la madrugada
Tel Aviv se despierta entre gritos de horror
una sierra, un generador, una grúa
un martillo, un zumbido o una alarma
cualquier cosa
menos un susurro o una caricia.

No es de extrañar:
cualquier tipo en la calle
es sospechoso de asesinar niños

cualquier chica, una posible maltratadora de
ancianas
los peques preguntan: «¿Dónde está papá?»
papá está apuntando a las madres,
o arrasando hospitales,
o prendiendo fuego a bloques de viviendas.
La juventud señala con dedo acusador
en vez de dudar del dedo mismo.

Bajé por el Jardín de la Independencia,
—hoy parque, ayer pueblo—
donde solo los muertos
tuvieron permiso para quedarse.
Me bañé en el mar
y hasta los peces me mordieron.

Y todas las tiendas de la ciudad
quedaron envueltas en una nube dulzona y
nauseabunda
con aroma a vainilla y lavanda
intentando con todas sus fuerzas
tapar el olor a sangre y muerte, proclamando:
«¡Pasen, pasen! ¡todo sigue igual!»

Liat Amrami, nacida en Tel Aviv y residente en Berlín
tras renunciar a la ciudadanía israelí

* * *

¿Llegará la sociedad israelí a asumir algún día la responsabilidad colectiva que le corresponde por el sufrimiento de los palestinos?

¿Llegará la sociedad israelí a asumir algún día la responsabilidad colectiva que le corresponde por el sufrimiento de los palestinos? ¿Admitirá alguna vez el genocidio que ha estado perpetrando ante nuestros ojos durante los últimos dos años? ¿Reconocerá el *apartheid*, la usurpación de tierras, la desposesión y la ocupación que el proyecto sionista ha infligido a los palestinos durante las últimas ocho décadas? ¿Cuándo y cómo ocurrirá? ¿Ocurrirá en algún momento? ¿Podemos siquiera imaginarlo?

Debo admitir, antes incluso de intentar responder a estas preguntas, que no soy ningún experto. No soy historiador ni tampoco un sociólogo que analice sociedades en plena negación. No soy más que alguien nacido en una sociedad en la que todos sus miembros son reclutados desde que nacen para participar en uno de los proyectos de exterminio más brutales, crueles y asesinos que la humanidad haya presenciado. Este proyecto se llama sionismo. Y, mientras escribo estas palabras, está alcanzando su fase más violenta y letal.

No hace falta ser un experto para verlo, cualquier persona corriente con Internet y la mente y el corazón abiertos puede hacerlo.

De hecho, la mayor parte de la humanidad ya ha despertado ante la verdadera naturaleza del proyecto sionista, mientras que la mayoría de la sociedad israelí sigue en profundo estado de negación e hipnosis colectiva, demasiado asustada como para mirarse al espejo. Y cuando lo haga, la imagen será todavía más horrible que la que se encontró Dorian Gray, mucho más terrible de lo que jamás podría imaginar. No solo se encontrarán ante un villano cruel y sanguinario, sino ante un enfermo terminal de cáncer que pronto será completamente devorado por su horrible mal.

La negación no solo ignora la naturaleza genocida del proyecto sionista, sino también su carácter suicida.

¿Cómo he sido capaz de verlo? ¿Cómo es posible que una pequeña minoría de personas nacidas dentro de este proyecto pueda contemplar su verdadera esencia mientras la mayoría de la sociedad la ignora? ¿Cuál es nuestro papel como personas que todavía vivimos en esta sociedad? ¿Podemos, siendo conscientes de que somos una irrisoria minoría, hacer que despierten? ¿O somos, por el mero hecho de vivir entre ellos, los cómplices que normalizan y posibilitan el genocidio?

¿Qué tipo de compromiso debemos a la comunidad en la que hemos nacido cuando se encuentra en un estado de negación tan profundo?

Estas preguntas me persiguen sin tregua desde hace dos años.

Vivir en una sociedad que está cometiendo el más atroz de los crímenes es realmente jodido. Ver cómo la gente que quieres, con quien has compartido los momentos más hermosos de tu vida, gente que conoces de corazón, se convierte en cómplice, si no en participante activo, de todo esto. Y aunque sabes que la posibilidad de que despierten es ínfima, tu deber es no dejar nunca de intentarlo. De plantarles cara, de desafiarlos para, con suerte, abrir una grieta en el muro que los haga cuestionarse.

Rezo por que llegue el día en el que pueda sentarme con todos mis seres queridos y llorar juntos por lo que ha pasado en Palestina; que todos unidos busquemos justicia para los palestinos, con los palestinos y dirigidos por los palestinos.

Quiero que mis seres queridos superen sus miedos, el odio y el racismo en el que han sido educados. Quiero que crean, que realmente crean, que es posible vivir libres y seguros en una Palestina liberada y democrática desde el río hasta el mar, con los mismos derechos para todos. No quiero que esto sea visto como una condena a muerte a toda la población judía, sino como una bendición para los judíos de Palestina y de todo el mundo.

Rezo para que esto ocurra, no solo con mis seres queridos, sino en todos los segmentos de esta sociedad, que haya una gran ceremonia civil de sanación, dirigida por líderes civiles de todas las comunidades.

Rezo por ello cada día, por que suceda mientras viva. Y, hasta que esto ocurra, seguiré desolado y mi corazón estará incompleto.

Nos queda mucho por hacer para que llegue este día. Dirijo estas palabras no solo a los ciudadanos israelíes, sino a los habitantes de todo el mundo, porque ese día solo llegará cuando se haya desmantelado el proyecto sionista.

La mayoría de los israelíes no llegarán a ese día por voluntad propia. Ojalá pudiera, con el poder de mi arte, mi discurso, mis lágrimas, mi indignación y compasión, lograr cambiar el rumbo de la sociedad israelí. Pero eso no va a ocurrir.

Como decía, no soy historiador, pero sé de sobra una cosa: los sistemas opresores no caen porque la manipulada sociedad opresora cambie de repente sus ideas por medio de la persuasión. Ojalá funcionara así, pero no.

Solo un movimiento firme de boicot, desinversiones y sanciones, junto al esfuerzo global por alterar el equilibrio de poder, creará las condiciones necesarias para abrir grietas de calado en la psicología israelí.

Hasta entonces, solo podemos imaginar cómo será la fase de reconocimiento.

Me gustaría terminar recurriendo a la imaginación.

Quiero imaginar cómo será una Palestina libre, donde los antiguos israelíes vivan como ciudadanos iguales en derechos, no como colonizadores.

Quiero imaginar una sociedad que realmente enseñe a los niños las lecciones del pasado, para que aprendan lo fácil que resulta pasar de oprimido a opresor. Una sociedad que entienda los peligros del supremacismo étnico y en la que «nunca más» realmente signifique nunca más, para nadie.

Que los crímenes del sionismo se estudien como una alegoría viva de lo que ocurre cuando la justicia no se repara debidamente y no cicatriza bien el trauma.

Que tanto los palestinos como los judíos israelíes lo aprendan en las mismas clases. Que una nueva generación de niños israelíes estudie la Nakba palestina, pero que esta vez sus compañeros de pupitre sean descendientes de los refugiados de 1948, una vez se haya reconocido su derecho al retorno.

Quiero también que los niños palestinos estudien el Holocausto judío y la importancia de la reparación y la superación, de tal forma que la víctima no se convierta en verdugo.

Ahora mismo solo puedo imaginarlo, pero si no perdemos la esperanza, si no cedemos al miedo, el odio o la desesperación ante el horror que presenciamos cada día, si duplicamos o triplicamos los esfuerzos para liberar Palestina, para terminar con el sionismo, para crear un Estado democrático entre el río y el mar; entonces, quizá, y solo quizá, vivamos para verlo con nuestros propios ojos.

Elik Harpaz, artista, músico y activista por la libertad, nacido en Jerusalén

Este libro,
noveno de la colección
«encuentros, serie COMUNICACIÓN»
acabose de componer en Carboneras
el día 27 de enero de 2026
cuando se cumple el 81 aniversario
de la liberación del campo de concentración
y exterminio de Auschwitz-Birkenau
y 843 días del genocidio
perpetrado por Israel
en Gaza.

Título original:
El libro negro de Gaza
© Gonzalo Delgado, 2026
© de sus textos respectivos:
Nasser Rabah, Jaled Al Qershali, Ohood Mohammed Nassar,
Yara Abed, Hamed Ashour, Ahmed Samih Sbaih, Ghaydaa Al-Abadsa,
Shahd Almaani, Malek Alshanbari, Nadera Raied Mushtha,
Adnan Skaik, Ahmed Abu Amsha, Asem Al Jerjawi,
Nur Ahmed Abed, Taqwa Ahmed Al Wawi,
Deema Fayyad, Heba Almaqadma, Ibrahim Yaghi
Amira Hass, Yair Oren, Guy Margolin Aberjel,
Liat Amrani, Elik Harpaz
© de esta edición:
ediciones del oriente y del mediterráneo, enero 2026
Prado Luis, 11
E-28440 Guadarrama (Madrid)
correo electrónico: info@orienteymediterraneo.com
web: www.orienteymediterraneo.com
Diseño de cubierta:
ediciones del oriente y del mediterráneo,
a partir de *Sin título,* (2025) de Gonzalo Delgado
Impreso en España

OTROS TÍTULOS SOBRE PALESTINA

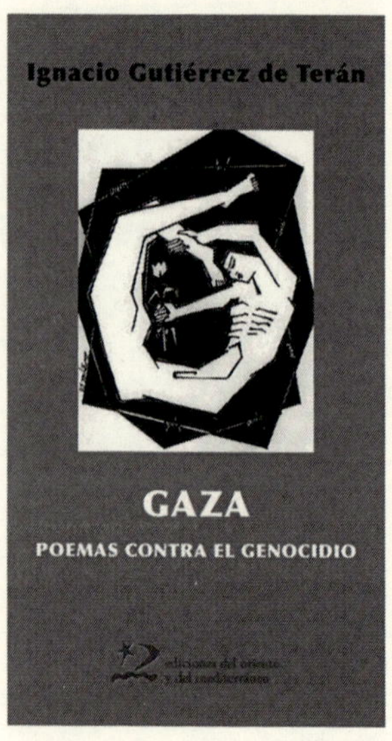
Ignacio Gutiérrez de Terán
GAZA
POEMAS CONTRA EL GENOCIDIO
ediciones del oriente
y del mediterráneo

Teresa Aranguren
PALESTINA
LA EXISTENCIA NEGADA
ediciones del oriente
y del mediterráneo

GAZA
UN GENOCIDIO TELEVISADO
Mohamed Safa
ediciones del oriente
y del mediterráneo

TODOS LOS TÍTULOS SOBRE PALESTINA

COLECCIÓN «AZULEJOS»

AL ALI, Nayi. *Palestina. Arte y Resistencia en Nayi Al Ali* (edición y traducción de Zuhur Dalo, Mohamad Bitari y Naomí Ramírez Díaz; Pórtico de Antonio Altarriba; Presentación de Teresa Aranguren). 2023.

COLECCIÓN «DISENSO»

ATZMON, GILAD. *La identidad errante.* 2012.

GÓMEZ, LUZ (ed.). *BDS por Palestina,* 2014.

HESSEL, STÉPHANE y SANBAR, ELIAS. *El superviviente y el exiliado. Israel-Palestina, una exigencia de justicia.* 2013.

COLECCIÓN «EL COLLAR DE LA PALOMA»

DARWISH, Mahmud. *El poeta troyano. Conversaciones sobre la poesía* (edición y traducción de Luz Gómez). 2023.

GÓMEZ, Luz. *Palestina/48. Poemas del interior.* 2024.

KANAANA, Sharif. Cuenta, pajarito, cuenta. Cuentos de tradición oral palestina. Traducción de Pilar Salamanca y Najati Jabary. 2013.

COLECCIÓN «ENCUENTROS»

AA.VV. *El derecho al retorno. El problema de los refugiados palestinos* (textos reunidos y presentados por Farouk Mardam-Bey y Elias Sanbar). 2004.

AA.VV. *Informe sobre el conflicto de Palestina. De los Acuerdos de Oslo a la Hoja de Ruta* (edición de Ignacio Álvarez-Ossorio). 2003.

ARJONILLA, Sofía. *La mujer palestina en Gaza.* 2001.

COCONI, Luciana. *Apartheid contra el pueblo palestino* (Nota preliminar de David Bondía García; Presentación de Raji Sourani). 2010.

SAFA, Mohamed. *Gaza, un genocidio televisado.* 2026

COLECCIÓN «ENCUENTROS, serie COMUNICACIÓN»

ARANGUREN, Teresa. *Palestina: la existencia negada.* 2025.

DRAY, Joss y SIEFFERT, Denis. *La guerra israelí de la información. Desinformación y falsas simetrías en el conflicto palestino-israelí* (traducción de Fernando García Burillo). 2004.

MURADO, Miguel-Anxo. *La Segunda Intifada. Historia de la revuelta palestina.* 2006.

COLECCIÓN «MEMORIAS DEL MEDITERRÁNEO»

Barguti, Murid. *He visto Ramala* (Presentación de Edward W. Said; traducción del árabe de Iñaki Gutiérrez de Terán). 2002.

Darwish, Mahmud. *Memoria para el olvido. Tiempo: Beirut. Lugar: un día de agosto de 1982* (Presentación de Edmond El Maleh; traducción del árabe de Manuel C. Feria García). 1997, 2002.

Yabra, Ibrahim Yabra. *El primer pozo. Capítulos de una autobiografía* (traducción del árabe de María Luz Comendador y Luis Miguel Cañada). 1998.

COLECCIÓN «POESÍA DEL ORIENTE Y DEL MEDITERRÁNEO»

Barguti, Murid. *Mi reino es de este mundo* (edición y traducción de Luis Miguel Cañada). 2019.

Darwish, Mahmud. *Mural* (Presentación de Pedro Martínez Montávez; traducción de Rosa Isabel Martínez Lillo). 2003.

COLECCIÓN «POESÍA NECESARIA»

1. Abu Toha, Mosab. *Cosas que tal vez halles ocultas en mi oído. Poemas desde Gaza* (Entrevista al autor de Ammiel Alcalay; traducción del inglés y Presentación de Joselyn Michelle Almeida). 2024.
2. Rabah, Nasser. *Gaza: el poema hizo su parte* (Prólogo de Luz Gómez; traducción del árabe, entrevista y notas de Alberto Benjamín López Oliva). 2025.
3. Gómez, Luz. *Maneras de ser Palestina. Antología de nuevas poetas.* 2025.
4. Gutiérrez de Terán, Ignacio. Gaza: poemas contra el genocidio (Posfacio de Ali Al Amiri). 2025.

COLECCIÓN «SABORES DEL MEDITERRÁNEO»

El-Haddah, Leila y Schmitt, Maggie. *Las cocinas de Gaza.* Presentación de Raquel Martí; Posfacio de Sylvia Ourdia Oussedik; traducción de Ethel Odriozola y Ana Useros. 2021

COLECCIÓN «TRANSVERSALES»

Aranguren, Teresa; Barrilaro, Sandra; Khader, Bichara y Mansour, Johnny. *Contra el olvido. Una memoria fotográfica de Palestina antes de la Nakba, 1899.1948.* Presentación de Pedro Martínez Montávez. 2015